A loucura maníaco-depressiva

Coleção: Episteme – Política, História – Clínica
Coordenador Manoel Motta
(Obras a serem publicadas)

Cristianismo: Dicionário, do Tempo, dos Lugares e dos Símbolos
André Vauchez

Filosofia do Odor
Chantal Jaquet

A Democracia Internet
Dominique Cardon

A Loucura Maníaco-Depressiva
Emil Kraepelin

A Razão e os Remédios
François Dagognet

O Corpo
François Dagognet

Estudos de História e de Filosofia das Ciências
Georges Canguilhem

O Conhecimento da Vida
Georges Canguilhem

Realizar-se ou se Superar – Ensaio sobre o Esporte Contemporâneo
Isabelle Queval

Filosofia das Ciências
Jean Cavaillès

História da Filosofia Política
Leo Straus e Joseph Cropsey

História do Egito Antigo
Nicolas Grimal

Introdução da Europa Medieval 300 – 1550
Peter Hoppenbrouwers – Wim Blockmans

Emil Kraepelin

A loucura maníaco-depressiva

Tradução
Débora de Castro Barros

Revisão Técnica
Manoel Barros da Motta

Rio de Janeiro

■ A EDITORA FORENSE se responsabiliza pelos vícios do produto no que concerne à sua edição, aí compreendidas a impressão e a apresentação, a fim de possibilitar ao consumidor bem manuseá-lo e lê-lo. Os vícios relacionados à atualização da obra, aos conceitos doutrinários, às concepções ideológicas e referências indevidas são de responsabilidade do autor e/ou atualizador.

As reclamações devem ser feitas até noventa dias a partir da compra e venda com nota fiscal (interpretação do art. 26 da Lei n. 8.078, de 11.09.1990).

■ Traduzido de
LA FOLIE MANIAQUE-DÉPRESSIVE
Copyright © Editions Jérome Millon – 1993
All Rights Reserved.

■ **A loucura maníaco-depressiva**
ISBN 978-85-309-3537-5
Direitos exclusivos para o Brasil na língua portuguesa
Copyright © 2012 by
FORENSE UNIVERSITÁRIA um selo da EDITORA FORENSE LTDA.
Uma editora integrante do GEN | Grupo Editorial Nacional
Travessa do Ouvidor, 11 – 6º andar – 20040-040 – Rio de Janeiro – RJ
Tel.: (0XX21) 3543-0770 – Fax: (0XX21) 3543-0896
bilacpinto@grupogen.com.br | www.grupogen.com.br

■ O titular cuja obra seja fraudulentamente reproduzida, divulgada ou de qualquer forma utilizada poderá requerer a apreensão dos exemplares reproduzidos ou a suspensão da divulgação, sem prejuízo da indenização cabível (art. 102 da Lei n. 9.610, de 19.02.1998).

Quem vender, expuser à venda, ocultar, adquirir, distribuir, tiver em depósito ou utilizar obra ou fonograma reproduzidos com fraude, com a finalidade de vender, obter ganho, vantagem, proveito, lucro direto ou indireto, para si ou para outrem, será solidariamente responsável com o contratador, nos termos dos artigos precedentes, respondendo como contratafatores o importador e o distribuidor em caso de reprodução no exterior (art. 104 da Lei n. 9.610/98).

1ª edição – 2012
Tradução
Débora de Castro Barros
Revisão Técnica
Manoel Barros da Motta

■ CIP – Brasil. Catalogação-na-fonte.
Sindicato Nacional dos Editores de Livros, RJ.

K91l

    Kraepelin, Emil

       A loucura maníano-depressiva/Emil Kraepelin; tradução Débora de Castro Barros; revisão técnica Manoel Barros da Motta. – Rio de Janeiro: Forense, 2012.
    il.

    Tradução de: La folie maniaque dépressive
    ISBN 978-85-309-3537-5

       1. Depressão mental. 2. Pessoas maníaco-depressivas. 3. Psiquiatria. I. Título.

11-5016.   CDD: 616.8527
                                                    CDU: 616.891.6

Este texto foi publicado pela primeira vez na *Revue des Sciences Psychologiques*, Marcel Rivière et Cie, Paris, 1913.

O GEN | Grupo Editorial Nacional reúne as editoras Guanabara Koogan, Santos, Roca, AC Farmacêutica, Forense, Método, LTC, E.P.U. e Forense Universitária, que publicam nas áreas científica, técnica e profissional.

Essas empresas, respeitadas no mercado editorial, construíram catálogos inigualáveis, com obras que têm sido decisivas na formação acadêmica e no aperfeiçoamento de várias gerações de profissionais e de estudantes de Administração, Direito, Enfermagem, Engenharia, Fisioterapia, Medicina, Odontologia, Educação Física e muitas outras ciências, tendo se tornado sinônimo de seriedade e respeito.

Nossa missão é prover o melhor conteúdo científico e distribuí-lo de maneira flexível e conveniente, a preços justos, gerando benefícios e servindo a autores, docentes, livreiros, funcionários, colaboradores e acionistas.

Nosso comportamento ético incondicional e nossa responsabilidade social e ambiental são reforçados pela natureza educacional de nossa atividade, sem comprometer o crescimento contínuo e a rentabilidade do grupo.

APRESENTAÇÃO:
KRAEPELIN E AS PSICOSES: LOUCURA MANÍACO-DEPRESSIVA, PARANOIA

MANOEL BARROS DA MOTTA

Kraepelin foi considerado por Jacques Lacan, por seu gênio clínico e pela clareza que seus conceitos introduziram na psiquiatria alemã, como um Malherbe para o classicismo nas letras francesas. Por fim chegou Kraepelin....[1]

Kraepelin nasceu no Mecklemburg antes da unificação alemã, em 1856. Estudou medicina em Wurzburg.

Kraepelin fora aluno de Wundt em Lepzig. Bercherie lembra que Kraepelin assim como Pinel pensava que "uma investigação psicológica era indispensável para a compreensão das doenças mentais".[2] Depois ele irá para Munique onde seguirá a orientação de Von Gudden, psiquiatra do rei Luis II da Baviera, objeto de um filme extraordinário de Luchino Visconti, que mostra as circunstâncias da morte do rei paranoico e seu psiquiatra.

O compêndio de psiquiatria de Kraepelin foi publicado em 1883, a que vão se seguir oito edições. No fim o tratado vai se compor de quatro volumes com mais de 2.500 páginas A sexta edição de 1890, considerada a versão clássica do tratado, vai fazer ecoar mundialmente a teoria de Kraepelin. Munique será o centro principal de sua atividade clínica como o lembram Postel e Allen.[3]

---

1 Como no verso de Boileau: *Enfin Malherbe vinte t fut le premier em France a donner aux vers une juste cadence.*
2 BERCHERIE, Paul. *Les fondements de la clinique.* Paris: Navarin-Seuil, p. 140.
3 POSTEL, Jacques e ALLEN, David. In presentation. *La folie maniaquedepressive.* Paris: Jerome Millon, 1993. p. 7.

É nesta edição que aparece de maneira precisa a loucura maníaco-depressiva. A edição de 1896 mudou três classificações: a referente a loucura maníaco-depressiva, a demência precoce e a paranoia. As classificações têm sua fonte na anatomia patológica, na etiologia e na clínica.

Para Kraepelin a psicose maníaco-depressiva, assim como a paranoia, se desencadeia em um momento preciso da vida. Kraepelin as considera de natureza degenerativa mas não originária. Entram na sua produção fatores de natureza exógena, assim como nas neuroses. A paranoia compreende os delírios sistematizados. Sua definição por Kraepelin é precisa: "Desenvolvimento insidioso dependente de causas externas, seguindo uma evolução contínua, de um sistema delirante durável e impossível de abalar, que se instaura com uma conservação completa da clareza e da ordem no pensamento, na vontade e na ação".[4] Kraepelin separa a paranoia no sentido estrito de outros estados ou modalidades a partir desse aspecto, isto é, que desenvolvendo-se de forma lenta não apresenta enfraquecimento da atividade intelectual. Outras formas as doenças paranoides apresentam, do ponto de vista clínico, assemelhando-se em muitos aspectos à demência precoce.

Para Kraepelin a psicose apresenta algumas características fundamentais. Em primeiro lugar o delírio de referência, depois as ilusões da memória, que acarreta formas de delírio de perseguição, de grandeza em que vão figurar a profecia, as invenções, as reformas do mundo, além da erotomania e da querulência.

Há uma particularidade na loucura maníaco-depressiva: ela reúne além de todos os estados maníacos e depressivos, todos os estados agudos. Estados que não são de confusão nem constituem síndromes da demência precoce. Kraepelin não aceita a existência da melancolia simples. Para ele observam-se sempre reincidências.

Uma análise clínica atenta mostra existirem continuamente fases depressivas ou de expansão maníaca em toda a vida dos pacientes. Assim para Kraepelin os excessos são sempre bipolaridades. A bipolaridade será uma noção que vai substituir mais tarde o conceito, a classe das psicoses maníaco-depressivas é um traço constante desta fenomenologia e mesmo de sua estrutura. Mesmo que as variações ou alternâncias possam ser leves ou quase passarem despercebidas, o caráter das duas está sempre presente.

Kraepelin inclui a melancolia de involução na sua edição de 1913 nos estados maníaco-depressivos. Na edição de 1898 ele inclui as formas unipolares e os estados mistos.

---

4   KRAEPELIN, Emil. *Maniac depressive insanity and paranoia*. 8. ed. edl inglesa, p. 212-213.

APRESENTAÇÃO: KRAEPELIN E AS PSICOSES: LOUCURA...   IX

Para ele as crises maníaco-depressivas se estruturam em torno de três perturbações fundamentais: perturbações do humor, da ideação, da vontade. Pela observação quando há um processo de depressão do humor, o processo de ideação torna-se lento: há inibição dos processos psicomotores ou exaltação do humor. Pode ocorrer ainda fuga de ideias com exaltação psicomotora.

Kraepelin nota por outro lado que em circunstâncias múltiplas há diferentes modos de associação destas perturbações fundamentais. Assim, em primeiro lugar, na passagem de um polo a outro do acesso bipolar a inversão dos sintomas pode não ser sincrônica. Misturam-se esses sintomas.

Há casos em que todo o acesso tem caráter misto. Há a melancolia agitada pela confusão maníaca com perturbação acentuada da sequência das ideias. E ainda a mania colérica em que se combinam humor defensivo e agitação. Kraepelin descreve várias formas do estupor maníaco a melancolia com fuga de ideias.

O conceito kraepeliniano de loucura maníaco-depressiva caracteriza-se por sua flexibilidade. Ele compreende seja inibições e exaltações de caráter parcial, ou ainda, ideias delirantes que podem admitir combinações múltiplas.

Como entidade clínica a loucura maníaco-depressiva fora isolada por Flaret antes de Kraepelin. Ela no entanto já fora descrita na antiguidade desde Areteu da Capadócia, assim como Willis no século XVII. Na época de Pinel e Esquirol a unidade das duas afecções será esquecida.[5]

Cabe a kraepelin como no caso da definição precisa da paranoia, quanto a psicose maníaco depressiva ter dado nome e sistematização a esta forma de psicose.

É preciso ressaltar que a terminologia clínica seja psiquiátrica ou psicanalítica é o produto de um desenvolvimento, de uma evolução histórica. Neste sentido, não são as próprias coisas que são designadas por elas. Assim, a separação na psicanálise entre paranoia e esquizofrenia é uma herança da clínica psiquiátrica, principalmente uma herança de Kraepelin. A própria clínica analítica está longe de se ter liberado da clínica psiquiátrica como observa Jacques-Alain Miller. A paranoia se emparelha em Kraepelin com a demência precoce. Tal como vai ocorrer em Freud.

A paranoia é em Kraepelin um conceito muito bem circunscrito enquanto a demência precoce corresponde a um campo muito mais amplo.

O grupo da demência precoce compreende mesmo a paranoia mal sistematizada, e esta inclui a demência paranoide no sentido de Kraepelin. Foi a partir dela que Schereber foi diagnosticado; a partir de seu livro *Memórias*

---

5   POSTEL, Jacques e ALLEN, David. Ibi., p. 15.

de um nevropata.[6] O próprio Freud o interpreta nestes termos em seu artigo sobre Schreber. Para Freud paranoia opõe-se a esquizofrenia. Neste sentido, Freud prefere a herança de Kraepelin ao conceito inaugurado por Bleuler. A noção de paranoia fora elaborada por Griesinger em 1845. Em Griesinger esta afeção não depende de causas exteriores e nem de uma enfermidade anterior. Ela afeta o entendimento e o juízo, e difere das que atingem a vontade ou os afetos, segundo a tripartição de inspiração kantiana a partir de Kalbaun. Mas é Kraepelin quem vai lhe dar uma definição bem específica que rechaça para a demência precoce a demência paranoide.

O conceito de psicose maníaco-depressiva ainda que abandonado nominalmente no DSM IV, para distúrbio bipolar, afastando a noção de "loucura", conserva sua validade clínica.

Neste sentido, a fineza do diagnóstico de Kraepelin permanece um exemplo e sua obra um exemplo. Frente à fragmentação estatística dos diagnósticos de hoje, a obra de Kraepelin permanece uma referência incontornável e indispensável para todos os que se deparam com a patologia humana e que não recuam diante da psicose.

---

6   SCHEREBER, Daniel Paul. *Memórias de um nevropata.* Rio de Janeiro: Paz e terra. Jacques Lacan consagrou seu seminário sobre as "Psicoses" ao caso Schreber. Será neste contexto que ele vai elaborar o conceito de forclusão para designar o mecanismo da psicose em oposição ao recalque na neurose. Lacan fará uma leitura a partir de uma estrutura significante. Mais tarde ele incluirá o gozo no funcionamento da psicose.

Sumário

Apresentação: Kraepelin e as Psicoses: Loucura Maníaco-Depressiva, Paranoia VII

I

A loucura maníaco-depressiva

Definição	3
Signos psíquicos	7
Apercepção	7
Atenção	10
Consciência	11
Memória	12
Poder de fixação	12
Lembranças errôneas	13
Distúrbios sensoriais	13
Curso das representações	19
Inibição do pensamento	22
Produtividade	24
Ideias delirantes	27
Humor	30
Necessidade imperiosa de atividade	34
Logorreia	39
Inibição da vontade	44
Excitação ansiosa	48
Pesquisas feitas com a ajuda da balança gráfica	49
Signos físicos	52

II

As formas clínicas

Generalidades 67

Estados maníacos 68
Hipomania 68
Mania aguda 76
Mania delirante 84
Mania confusa 87
Evolução 90
Duração 91
Estados depressivos 92
Melancolia simples 92
Estupor 98
Melancolia grave 99
Melancolia paranoide 105
Melancolia fantástica 109
Melancolia confusa 117
Evolução 120

I

A Loucura Maníaco-Depressiva[*]

---

[*] Este estudo constitui, na oitava edição do *Traité de Psychiatrie*, o capítulo XI da segunda parte (Leipzig, t. III, 1913). Para a comodidade do leitor francês, os diversos parágrafos foram separados por títulos. Todas as figuras foram reproduzidas, mas a numeração foi alterada.

Definição

A loucura maníaco-depressiva,[1] como será descrita neste capítulo, compreende, de um lado, o domínio completo da loucura periódica e da loucura circular, e, de outro, a mania simples, a maior parte dos estados patológicos que são designados pelo nome de melancolia e também um número bastante considerável de casos de amência. Enfim, nós classificamos aí, igualmente, alguns dispositivos de humor mais ou menos acentuados, ora passageiros, ora duráveis, que podem ser observados em um sentido como o primeiro grau de problemas mais graves e que, de outro lado, se baseiam sem limites nítidos com o conjunto das disposições naturais do indivíduo. Eu adquiri, com os anos, a convicção cada vez mais forte de que todos os tipos clínicos enumerados anteriormente não são outra coisa

---

1 Kirn, *Die periodischen Psychosen*, 1878; Mendel, *Die Manie, eine Monographie*, 1881; Pick, *Circuläres Irresein*, Eulenburgs Real enzyclopädie; Hoche, *Uber die leichteren Formen des periodischen Irreseins*, 1897; Hecker, *Zeitschrift f. praktische Aerzte*, 1898, I; Pilcz, *Die periodischen Geistesstörungen*, 1901; Thalhitzer, *Die manio-depressive Psykose*, Stemmingssindsygdom, 1902; Seiffer, *Deutsche klinik*, 1904; Deny e Camus, *La Psychose maniaque-dépressive*, 1907; Antheaume, *Les Psychoses périodiques*, 1907; Binet e Simon, *L'Année psychologique*, XVI, 164; Pierre Kahn, *La Cyclothymie*, 1909; Rémond e Voivenel, *Annales médico-psychologiques*, 1910, 2, 353; Thomsen, *Medizinische Klinik*, 1910, 45 e 46; Stransky, *Dans manisch-depressive Irresein*, 1911 (Auschaffenburgs Handbuch); Homburger, *Zeitschrift f. ges. Neurol. u. Psych.*, Refer. II, 9/10 (Bibliographie).

senão manifestações de um mesmo processo patológico. Provavelmente, pode ser que mais tarde distinga-se novamente uma série de subformas ou ainda de pequenos grupos particulares. Contudo, se isso ocorre, não poderá certamente ser feito, na minha opinião, guiando-se segundo os signos que hoje são habitualmente colocados no primeiro plano.

O que determina que eu adote essa atitude é principalmente o fato de que, em todos os tipos patológicos citados, a despeito de numerosas diferenças exteriores, encontram-se alguns traços fundamentais comuns. Ao lado dos sintomas variados, que podem aparecer de uma maneira passageira ou estar completamente ausentes, encontramos em todas as formas da loucura maníaco-depressiva um grupo mais estreito, mais bem determinado de distúrbios aliás mais ou menos marcados, reunidos de modo diferente segundo os casos. Sem que se possa considerar cada um deles, tomados em particular, com um sinal de certeza, contudo, por sua reunião, eles imprimem uma marca característica aos diferentes tipos clínicos. Quando se está familiarizado com eles, fica-se em condição, na maior parte do tempo, de depreender que sua relação com o vasto grupo da loucura maníaco-depressiva é devida ao aspecto particular de um caso determinado e de deduzir disso a significação clínica e o prognóstico. Até mesmo um curto período da evolução da doença pode, em geral, nos possibilitar esse conhecimento, assim como a mudança que se produz no conjunto da vida psíquica no paralítico geral ou no demente precoce torna possível, apesar da diversidade das formas, o diagnóstico da afecção.

Há um fato talvez mais significativo ainda que a presença de distúrbios fundamentais, sempre os mesmos nesses diferentes estados: todas as formas trazidas aqui à unidade clínica não somente apresentam entre elas toda uma série de transições, sem que se possa marcar o limite no qual uma começa e a outra termina, mas ainda, em um e mesmo caso, podem estender-se uma sobre a outra ou suceder-se alternadamente. Por um lado, com efeito, como será mostrado mais adiante em detalhes, é absolutamente impossível, tanto na teoria como na prática, separar de uma maneira segura as formas simples, periódicas e circulares; por toda parte há transições insensíveis. Por outro lado, vemos em um mesmo doente se suceder, alternadamente, não somente a mania e a melancolia, mas também estados de confusão profunda e de incoerência, ideias delirantes bem marcadas e, enfim, oscilações leves do humor. Além disso, uma coloração especial e uniforme do humor forma, em geral, a base sobre a qual aparecem os acessos propriamente ditos da loucura maníaco-depressiva.

Outro vínculo que reúne entre eles todos esses estados patológicos e faz praticamente de sua separação um nonsense, ou quase, é a identidade de seu prognóstico. Provavelmente, há acessos leves e graves, curtos e muito longos; mas eles se sucedem um ao outro sem regra. Assim, não se podem utilizar essas diferenças para distinguir aí várias doenças. Poder-se-ia, com bem mais razão, pensar em constituir um agrupamento baseado na frequência dos acessos, que seria o bem-vindo do médico. Contudo, aí ainda, não temos, parece, de nos confrontarmos com diferenças fundamentais, pois não se puderam, desse ponto de vista, separar formas bem determinadas, mas somente estabelecer algumas regras gerais. Em compensação, salta aos olhos que os acessos de loucura maníaco-depressiva, como se tentou definir aqui, não conduzem jamais a um enfraquecimento intelectual profundo, mesmo quando eles preenchem sem interrupção a vida inteira. Comumente, todos os sintomas desaparecem completamente depois do acesso. Se, por uma exceção, não acontece dessa forma, vê-se instalar um enfraquecimento psíquico muito leve, de uma natureza toda particular, que é comum a todas as formas reunidas aqui e que se distingue da demência que se observa em outras psicoses.

Um último argumento a favor da concepção defendida aqui: da unidade da loucura maníaco-depressiva é que as diferentes formas que ela compreende podem se substituir umas às outras hereditariamente. Nos membros de uma mesma família, encontramos com bastante frequência uma próxima à outra loucuras periódicas ou circulares bem caracterizadas, distúrbios do humor ou estados de confusão sobrevindo uma única vez acidentalmente e, enfim, oscilações do humor leves e regulares ou um estado anormal permanente da vida sentimental. De qualquer modo que se considerem os estados maníaco-depressivos, do ponto de vista da etiologia ou das manifestações clínicas, da evolução ou da conclusão, por toda parte encontram-se pontos comuns que permitem afirmar sua unidade e separá-los das outras entidades mórbidas das quais se tratou nos capítulos precedentes. A experiência ensinará mais tarde se se devem, nesse vasto domínio, distinguir subgrupos menores e por quais princípios se deve guiar-se para isso.

Provisoriamente, podemos utilizar, como sendo o princípio mais simples de divisão, a diferença entre os estados dos quais se compõe habitualmente a doença. Em geral, ela evolui em acessos que se destacam mais ou menos francamente uns dos outros ou do estado normal, acessos que são semelhantes ou diferentes, mas que com frequência apresentam entre si uma oposição completa. Distinguimos, assim, em princípio, *estados maníacos*, cujos sinais essenciais são a fuga das ideias, o humor alegre e a necessidade imperiosa de atividade; e *estados melancólicos ou depressivos*, caracterizados pela tristeza ou a angústia e pela dificuldade de pensar e agir. São essas duas formas clínicas opostas que deram seu nome à doença. Mas, ao lado delas, observamos ainda em clínica *estados mistos*, nos quais as manifestações maníacas e melancólicas se associam entre elas, de modo que se obtém um tipo em que se encontram os mesmos sintomas que nos precedentes estados, mas que não podem ser ordenados sem violar a lógica nem em uma nem em outra categoria.

Antes de passar à descrição dos diferentes estados e de seguir sua evolução clínica, será útil dar uma olhada nos distúrbios psíquicos que caracterizam a loucura maníaco-depressiva.

Signos psíquicos

Apercepção

A apercepção,[2] em geral, é enfraquecida na mania, algumas vezes mesmo de uma maneira considerável; é somente nas formas mais leves da doença que se encontram valores que se aproximam dos resultados mais frágeis obtidos com os

---

2   *Auffassung* – esse termo que, na língua corrente, tem o sentido de *compreensão*, de *interpretação* (de um fato), é empregado por Kraepelin em uma acepção um pouco especial. Ele designa, segundo esse autor, o ato pelo qual a impressão, quando alcança certo grau de força (o *limiar*), é apreendida pelo espírito e incorporada ao grupo complexo das sensações antigas e dos elementos psicológicos. Esta última operação é chamada *Apperzeption* por Wundt e pela maior parte dos psicólogos alemães. Vê-se que, em Kraepelin, o sentido de *Auffassung* se aproxima bastante daquele deste último termo, embora compreenda um elemento a mais, a saber, a apreensão, pelo espírito, da excitação vinda de fora. Também nós acreditamos poder empregar, no francês, o termo apercepção [*aperception*], que tem em Leibnitz, o criador da palavra, um sentido muito próximo. Reservamos a palavra compreensão [*compréhension*] para traduzir *Verständnis*. Como essas noções são pouco familiares ao público francês, achamos útil resumir aqui, em algumas palavras, as ideias do psiquiatra de Munique sobre a psicologia e a patologia da *Auffassung*.

Para que um excitante exterior produza seu efeito sobre o espírito, é preciso algum tempo. As pesquisas experimentais mostraram que a percepção pelos sentidos só atinge sua maior clareza ao fim de alguns segundos. Essa rapidez da percepção pode ser medida pelo aparelho chamado taquistoscópio. O processo pode ser, em alguns casos, moderado, de modo que os doentes nada *percebem* ou percebem de uma maneira muito incompleta excitações de curta duração, enquanto na vida corrente não nos damos conta absolutamente dessa insuficiência. Se a diminuição é mais considerável, a sensação que, ao fim de um tempo determinado, tem sempre uma tendência a desaparecer se evapora antes de ter atingido seu pleno desenvolvimento. Somente alguns chegam à consciência das impressões isoladas, as mais fortes, mas os detalhes acessórios estão ausentes. Esse distúrbio da apercepção é observado sobretudo nitidamente na presbiofrenia e na psicose de Korsakoff.

normais, mas que, entretanto, permanecem nitidamente abaixo da média. Paton obteve, no exame da sensibilidade maníа-

---

Mas, para que haja apercepção, é preciso não somente que a impressão exterior tenha adquirido certa força, mas ainda que venha tomar seu lugar no meio de nossos conhecimentos anteriormente adquiridos. A maior parte das impressões que chegam até nós permanecem indistintas, pois não encontram eco na consciência. Para esclarecer, é preciso que a percepção isolada (*die einzelne Wahrnehmung*) estabeleça ligações com nossa experiência anterior, que estabeleça relação com muito numerosas representações, e é por esse processo, chamado por Wundt *Apperzeption*, que se faz a compreensão (*Verstandnis*) da impressão: compreensão que pode ser puramente sensível (*rein sinnlich*), mas que é a condição necessária de toda elaboração intelectual ulterior do percepto. Se, no processo da percepção, falta a colaboração de nossa experiência adquirida, a percepção ela mesma fica desprovida de clareza e mesmo de sentido (*unklar und inhaltlos*). Ressalta-se dessa exposição que se podem observar dois tipos de distúrbios da apercepção: os mais frequentes são a consequência da elevação do limiar. Os doentes não percebem mais do que uma parte bastante limitada dos acontecimentos do exterior: eles não apreendem e não compreendem nada do que se passa em seu entorno. Em suma, não percebem mais do que impressões isoladas (*einzelne Eindrücke*), mas não chegam a produzir ideias nítidas da situação e de seu entorno: tudo lhes parece incompreensível, misterioso, enigmático. Kraepelin chama esse estado *Unbesinnlichkeit*. Nós o vemos aparecer sob sua forma mais leve na fadiga e nos período intermediário ao despertar e ao adormecer. Ele sobrevém rapidamente sob a influência de alguns tóxicos: o éter, o clorofórmio, o álcool, o trional. Em clínica, é encontrado nos delírios febris, nos delírios tóxicos, no *delirium tremens*, nos estados crepusculares das histéricas e dos epilépticos, e frequentemente também nos diferentes estados da loucura maníaco-depressiva, em particular no estupor maníaco e depressivo, e no grau superior da excitação maníaca.

Mas, no sentido de Wundt, pode também haver aí insuficiência da apercepção. Assim, no primeiro período do desenvolvimento, confrontamo-nos naturalmente com uma percepção simples (*einfache Wahrnehmung*), já que a experiência anterior ainda não construiu o tecido sobre o qual virá ser bordada a percepção atual. Esse estado pode se prolongar quando há parada de desenvolvimento no imbecil. Enfim, aos distúrbios da apercepção se liga a agnosia, na qual, apesar da ausência de distúrbio da percepção, os objetos não podem ser reconhecidos e ligados a lembranças anteriores. [Nota do tradutor francês]

I – A Loucura Maníaco-Depressiva ⊗ Definição   9

ca, cifras espantosamente baixas. Wolfskehl, que estudou a percepção das séries de letras no taquistoscópio, encontrou que os doentes davam, em média, comparados com testemunhos normais, em torno de um quarto de respostas exatas a menos. O que há de notável é a cifra relativamente elevada de erros, que contudo nunca atingem, mesmo nos exames piores, aquela dos dementes precoces, mas ultrapassa de três quartos leituras inexatas devidas aos normais. A primeira coluna da Figura 1 apresenta um gráfico dessa relação e permite comparar as respostas verdadeiras e as falsas dos doentes com as dos normais. Os doentes percebem, provavelmente, de uma maneira superficial e imprecisa, mas o detalhe das experiências mostra também que sua logorreia os conduz a dar respostas em casos nos quais eles absolutamente nada viram. Bem amiúde, a gravidade dos distúrbios da apercepção faz um contraste surpreendente com a ligeireza dos sintomas clínicos.

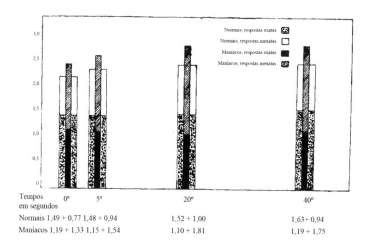

Figura 1 – Número de letras apreendidas no taquistoscópio e fixadas pelos normais e pelos maníacos

Atenção

Se a apercepção é tão defeituosa, o erro disso vem principalmente da extraordinária *instabilidade da atenção*. O doente perde progressivamente o poder de escolher e de ordenar as impressões: cada excitação sensorial nova se lhe impõe com força e ele se volta, assim, na direção dela. Mesmo se se consegue, por um momento, chamar sua atenção apresentando-lhe objetos e pronunciando diante dele uma série de palavras, ela se volta com a maior facilidade para qualquer excitação nova. A imagem que o doente se faz dos que o cercam e dos acontecimentos fica mais incoerente e lacunar que se houvesse enfraquecimento do processo perceptivo nele mesmo.

Nos estados depressivos, a apercepção parece muito menos perturbada: não se observa, em geral, a tendência às falsas leituras. Franz e Hamilton encontraram em doentes inibidos uma elevação do limiar para o contato, a pressão e a dor. Em casos mais graves, as expressões frequentemente muito características empregadas pelos doentes mostram que há, em geral, diminuição e dificuldade do reconhecimento, porque as impressões exteriores não provocam mais eco na consciência. No processo da apercepção, não se veem mais surgir imediatamente e em massa essas lembranças que nos permitem ligar a percepção presente à experiência anterior, inseri-la sem esforço no curso da representação. Da mesma forma, os doentes tornam-se mais ou menos incapazes de elaborar intelectualmente, de compreender os acontecimentos. Eles explicam muitas vezes que, apesar de todos os seus esforços, não conseguem encontrar o sentido do que leem, seguir uma análise. "É como um nevoeiro que se estende sobre tudo", dizia um doente; e outro declarava "que não era mais tão capaz de compreender quanto antes". No mais alto grau, nos estados de estupor, os doentes não podem mais compreender absolutamente nada do mundo que os envolve, enquanto as percepções sensoriais isoladas são executadas ainda de uma maneira relativamente satisfatória.

I – A Loucura Maníaco-Depressiva & Definição 11

Junte a isso distúrbios importantes no que concerne à mobilidade da atenção. Os doentes não conseguem mais dirigir seu espírito rapidamente e sem custo na direção das impressões ou das representações que eles querem; eles não podem nem ficar atentos a um objeto nem se subtrair por suas próprias forças às representações que surgem espontaneamente ou que são despertadas neles por acontecimentos exteriores. Essa paralisia da atenção oferece, aliás, os graus mais variados.

Consciência

Nas formas mais graves, a *consciência* dos doentes está, em geral, perturbada. No pico mais forte da excitação, as impressões e as representações se tornam obscuras e confusas. Disso resultam distúrbios da orientação: os doentes não se dão conta exatamente do ambiente onde se encontram. Tudo está enfeitiçado, não é "o mundo verdadeiro". Eles estão em uma "casa de franco-maçons", em uma "casa de ressurreição", sob a terra, no purgatório, no céu, "muito longe do mundo". Eles confundem as pessoas, tomam os enfermeiros por espíritos, o médico pelo diabo, um vizinho de leito pela Mãe de Deus, uma antiga amiga de seu marido pelo próprio marido, dão aos médicos e aos outros doentes o nome de parentes ou de amigos. Essas confusões se explicam algumas vezes por semelhanças distantes; em outros casos, parece antes que há aí um xiste, no qual o doente se compraz, embora tendo em semiconsciência o arbitrário de suas apelações. Isso é observado sobretudo na saída do acesso de excitação, quando as designações errôneas estão ainda conservadas, embora a conduta dos doentes e alguns de seus discursos mostrem que ele sabe em que se apoiar no lugar de sua residência e em quais pessoas do entorno. Também nos estados de pressão, encontramos distúrbios da consciência mais ou menos profundos que vão até o estado crepuscular propriamente dito. Às vezes aparece uma espécie de entorpecimento análogo ao sonho e de uma característica toda particular, no curso do qual o doente sofre em seu delírio as aventuras mais estranhas e mais confusas.

Memória

A *memória* não se enfraquece de maneira durável, mas os doentes perdem frequentemente de modo temporário o poder de utilizar seu estoque de lembranças. Sobretudo nos estados de depressão, eles são com frequência esquecidos; são algumas vezes incapazes de lembrar das lembranças e dos conhecimentos mais simples. São obrigados a refletir muito tempo antes de fazer um cálculo, de narrar um fato; às vezes não podem dizer o ano de seu nascimento, o nome de seus filhos; enrolam-se em contradições grosseiras que eles logo endireitam.

Poder de fixação

O *poder de fixação* nos maníacos sofre, de acordo com as pesquisas de Wolfskehl, os mesmos distúrbios que a apercepção. Um exemplo nos é dado na Figura 1, na qual é representada, para as letras do alfabeto, a proporção de lembranças fixadas pelos normais e pelos doentes depois de um tempo de 5, 20 e 40 segundos. Vê-se que, nos doentes, a qualidade de respostas corretas é menos elevada; em contrapartida, a qualidade dos erros é sensivelmente maior que nos normais, sobretudo se são considerados os intervalos de tempo mais longos. Distingue-se bem aqui o processo que dá origem às falhas de memória. Como revelam os estudos das respostas incorretas, a tendência do doente às associações puramente verbais tem aí certo papel. Fato importante também, os valores médios obtidos nos maníacos com tempos curtos acusam uma diminuição das respostas corretas (de 1,19 a 1,10) muito mais marcada que nos normais; esse fenômeno é ainda mais nítido se se tomam casos particulares. Alguns fatos nos conduzem a ver aí um sinal de oscilações mais fortes da atenção.

Lembranças errôneas

Em conformidade com os resultados das pesquisas experimentais, encontramos com frequência, sobretudo nos maníacos, grandes *erros nas lembranças*. Às vezes, os doentes apresentam uma tendência a fabular, descrever, relacionando-as com o passado, cenas estranhas às quais eles mesmos mais ou menos acrescentam fé. A lembrança do acesso é o mais frequentemente um pouco confusa, sobretudo se se trata de excitação maníaca forte ou de estados crepusculares. Os acontecimentos que se passam durante a doença são de boa-fé relatados de uma maneira completamente diferente da realidade, e aí está o que impede o doente, mesmo após sua cura, se dar conta exatamente de seu próprio estado e do de seu entorno.

Distúrbios sensoriais

Com frequência, nos estados mais diferentes, observam-se *distúrbios sensoriais* episódicos, que podem, contudo, repetindo-se e acusando-se, passar ao primeiro plano. Trata-se muitas vezes de ilusões que são a consequência seja de uma percepção incompleta, seja sobretudo dos violentos distúrbios sentimentais próprios à doença. Assim, o tema da ilusão está comumente em relação estreita com o pensamento e o humor dos doentes. O entorno lhes parece transformado; os rostos estão duplos, sombrios; sua própria imagem no espelho é negra. Eles veem as luzes, uma nuvem branca, uma "névoa de ópio, de morfina e de clorofórmio", cintilações, a sombra de um homem na janela, uma figura no canto do quarto. Os homens se transformam, aparecem como "fantasmas"; as crianças parecem mudadas; o médico não é mais do que uma "imagem" ou é o diabo. As cadeiras se movem, os retratos fazem sinal com os olhos; uma folha de papel cinza se transforma na cara de morte de uma princesa. O doente percebe um murmúrio, cochichos, zumbidos, a crepitação do inferno; ele ouve alguém subir a escada, passear no sótão, "o diabo zanzar pelo tabique", a morte ranger os dentes na parede, um grande estrondo, "como se se tivesse jogado um cadáver pela janela", barulho na chaminé, "como se um homem quisesse subir por ela". Murmura-se em sua cabeça, ele ouve ressoar como sons de sino, o barulho do mar, como pedidos de socorro, tiros, estertores e gemidos, gritos, gritarias, choros, orações e lamentos dolorosos, tumulto, blasfêmias. Os espíritos zumbem juntos; outros murmuram discursos se referindo aos doentes. Às vezes, as percepções falsas se ligam a sensações reais. Os pássaros gritam o nome dos doentes, assobiam: "Eis Emilie que vem!"; o relógio da sala diz: "Você é um cachorro! Ainda aí! Você levou seu pai ao asilo, você é o diabo, você é uma prostituta"; os batimentos arteriais no ouvido se transformam em uma censura: "mau menino, mau menino", ou "puta, puta", e esses ditos são em seguida atribuídos ao diabo.

A par dessas ilusões nas quais se encontra facilmente a influência dos sentimentos do doente, encontram-se bastante frequentemente verdadeiras alucinações. À noite, figuras mascaradas entram nos quartos; aparece para o doente um túmulo aberto, sua mulher morta, o apóstolo São Paulo com anjos, o Salvador na cruz, a Mãe de Deus, Jesus coroado de rosas, o olho de Deus, o diabo. Ele vê cadáveres, esqueletos, "maus espíritos", monstros, a cabeça cortada de seus filhos sobre a muralha, anéis de fogo que simbolizam seus pecados. Em pleno dia mesmo surgem diante dele imagens grotescas, faces de cores diferentes, figuras como a que representa a Figura 2, segundo o desenho de uma doente. Ele os vê gargalhar sobre o livro que ele quer ler, sobre os lençóis, sobre a parede, olhá-lo pela janela. Em seus alimentos pululam de bichos, pequenas cabeças cortadas; um doente via um prego e uma corda, e era um convite para se enforcar.

I – A Loucura Maníaco-Depressiva & Definição 15

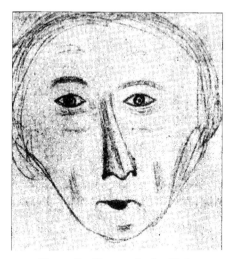

Figura 2 – Figura alucinatória

Pelas paredes e janelas ressoam advertências, chamados, o riso do diabo, choros de uma mãe defunta, gritos de crianças, o canto dos anjos. Na maior parte do tempo, essas alucinações da audição têm um conteúdo desagradável, bem próprio a provocar a angústia. Mostram-se ao doente todos os erros que pôde cometer; ele é tratado como se fosse um assassino; é incitado a se suicidar. "É a sua vez!" "Enforque-se!" "Se ele pudesse somente se enforcar! Senão nós o seguraremos ainda 10 anos!" "Cachorro de padre, cachorro de prussiano, assassino!" "Personagem grosseiro!" "Envenenadora!" "Porca!" "Porco!" "Besta fedorenta, camelo!" "Monstro!" "Porcalhão!" "Vaca!" "Mulher suja!" "Oh! Você fede!" "Você vai morrer!" "É preciso vir!" "Levante-se!" Estas são as ameaças das vozes: "Você vai para o inferno!" "Não vá mais longe, aqui não é seu lugar. Deus não morre..." "Você está preso agora!" "Veja quem corre! Ele não escapará mais de nós!" "Nós a caçaremos e faremos da empregada a dona da casa!" "Ela não pode mais escapar! Vai ser cortada em pedaços!" "Nós o agarramos. Ele vai dormir bem." Bem mais raramente, as vozes anunciam coisas agradáveis. Uma doente escutava cantar que ela era a Mãe de Deus. Outra, que seu filho tinha ganhado milhões. Um doente recebia "coisas santas de Deus". As alucinações da audição, elas também, se produzem somente durante a noite ou pelo menos são mais fortes nesse momento. Em geral, não parecem atingir uma nitidez perfeita do ponto de vista sensorial; são vozes "como um sonho", "vindo do outro mundo", "vozes aéreas" que "vêm de Deus"; mais raramente um telefone ou fonógrafo, da telegrafia sem fio. Sua origem é bem raramente remetida a um objeto exterior: é a cama que fala, é Deus; uma irmã morta chama; a voz de Jesus ecoa; uma violeta branca diz: "É a vontade de Deus." O pai defunto declara: "Estou atrás de você. Sou eu que estou falando." Mais frequentemente, as percepções falsas têm sua sede no corpo mesmo. Fala-se no estômago, no ouvido esquerdo; são palavras cochichadas dentro. O diabo fala no coração do doente; ele jura nele; o doente o escuta "dentro, mas não com os ouvidos". "Uma voz interior, no meu coração, me diz imundícies sobre Nosso Senhor", declara uma doente; outra escutava "vozes vindo do interior que gemiam"; "falam na minha cabeça", explica uma terceira. As palavras ouvidas estão na maior parte do tempo em relação muito estreita com as ideias do doente. Os doentes explicam que são interrogados; seus pensamentos são repetidos em alta voz ao fim de dois ou três minutos. Alguns entabulam com sua voz um verdadeiro diálogo: uma doente assegurava que ouvia falar em seu corpo e que obtinha respostas "exatamente ao que ela pensava"; para outra, as pessoas repetiam o que ela havia dito ela mesma diante deles. Às vezes as vozes dão ordens, sobretudo a de se destruir, como se viu anteriormente.

Como as alucinações não atingem comumente a nitidez imperiosa que elas têm no delírio alcoólico ou na demência precoce, os doentes não conseguem, quando se trata de frases longas, dar o texto palavra por palavra, relatando somente seu conteúdo. Provavelmente, tal doente escreve que ela ouviu dizer à sua vizinha: "Seu sangue está decomposto, toda a sua comida se transforma em carne, logo ela terá a cara inchada como um porco, e seus olhos desaparecerão completamente." Outra teria acrescentado a isso: "Isso não pode ter vindo sozinho. É preciso que ela tenha sido uma prostituta, e todos os jovens que frequentavam sua casa..." Mas, conforme as circunstâncias, me parece muito duvidoso que discursos desse gênero, que reproduziam aqui as preocupações perpétuas da doente, tenham sido realmente ouvidos palavra por palavra. Aos distúrbios sensoriais da visão e da audição se acrescentam os dos outros sentidos, muito menos importantes. Há na casa um odor acre; o suor exala um fedor abominável; os alimentos têm um gosto adocicado ou nauseabundo, como carne humana ou urina. A cama mexe, ela é percorrida por correntes elétricas. Em contrapartida, as sensações cenestésicas penosas são muito frequentes e variadas, e até mesmo às vezes dominam a cena. Encontram-se com muita frequência dores de cabeça, enxaquecas, peso surdo, a sensação de um círculo em volta da fronte, um capacete pesado, um penteado de chumbo. No resto do corpo, fazem-se sentir também dores de todo tipo: Schröder pôde observá-las em 62% dos casos. A língua está sensível; as costas doem, estão como que quebradas; as dores vão da uretra ao pomo de adão; no corpo, está uma verdadeira raiva, um incêndio. Em um dos meus hóspedes, a doença começou por dores tão violentas que, depois do fracasso de todos os outros meios, procuramos lhe trazer um alívio por uma operação. São ainda cócegas, rupturas, palpitações na cabeça, puxões nas pernas, estalidos nos intestinos, ansiedade e "sensações vergonhosas" no baixo-ventre. Para precisar essas ideias, dou aqui um fragmento tirado da autoobservação de uma doente que acreditava ter contraído, ao se masturbar, uma doença vergonhosa (a sífilis):

> Há seis meses, a doente sentiu dois golpes violentos na cabeça; imediatamente, espasmos violentos no ventre, coração, coluna vertebral e occipício, tremor nas mãos e nos pés, no nível dos quais as veias estão dilatadas; a face está embaciada como chumbo; flatulências. Ao fim de algumas semanas, as

veias diminuem de volume: nas mãos e sobretudo nas articulações, picadas como as de mil agulhas. A pele das mãos se torna enrugada, semelhante a couro; no banho, ela tinha o ar de se descolar. Depois de uma picada ou um corte, o sangue não escorre, é uma espécie de serosidade esbranquiçada. Queimaduras atrozes nas pálpebras, nos lábios, na língua, nos palatos e em seguida roxos e buracos sobre o corpo, como feitos com um ferro em brasa. Pequenas manchas vermelhas como nos idosos. Depois em todo o corpo, uma ressudação, como se a seiva vital se coagulasse; nas articulações, como chumbo fundido. Leucorreia. Irregularidade das regras com longas interrupções, e quando o sangue voltava, estava mais líquido, como se não houvesse mais substância coagulante. No início, urinas abundantes, depois mais raras; fezes somente após purgante. Em seguida, forte odor da urina e das matérias; os pés, que eram na maior parte do tempo frios e enrugados, como mortos, se tornam inteiramente brancos de tempos em tempos e exalam o mesmo odor. Os batimentos do pulso e os espasmos aumentam, mas o que é mais angustiante é uma crepitação na cabeça como se houvesse nela alguma coisa de seco; nos ouvidos um tique-taque como o de um relógio de pulso, a tal ponto que se torna penoso colocar a cabeça sobre uma almofada. Os tremores das mãos e dos braços aumentam. Grande emagrecimento, aperto do peito. Quando a doente se deita, seu corpo é ardente como chumbo. Estreitamento das pálpebras. Carne flácida. A pele se cobre de pequenas manchas e escama. Frequentemente leve odor de queimado sobre a pele. O sangue é abrasador, como se tivesse sido aquecido. Depois de algum tempo, aumento de peso – é visível que tudo se vai nos músculos e nada no sangue, pois as veias diminuem cada vez mais. No cotovelo, os músculos doem, como se fossem se separar do osso. O pulso é duro na articulação do punho. Durante o sono, sensação de uma mão ardente apoiando-se sobre você. Insensibilidade crescente. Na pele, nenhuma atividade. No suor das mãos, secreções brilhantes como pérolas de vidro etc.

Vê-se que há aí, na maior parte do tempo, apenas hiperestesia, mas há também interpretações delirantes com relação a sensações insignificantes nelas mesmas. É o que aparece nitidamente quando os doentes afirmam sentir que a comida passa imediatamente em suas veias, que suas mucosas e suas glândulas estão roídas, que seus nervos se dissolvem, que não há mais gordura, medula nem albumina em seu sangue, que seu corpo trabalha interiormente, que vermes brancos lhes retiram tudo o que existe no corpo e rastejam sob a epiderme. Essa hiperestesia para as sensações internas forma um contraste impressionante com a diminuição da excitabilidade dos centros nervosos nos estados maníacos. Observa-se aí uma insensibilidade espantosa ao calor e ao frio, à fome e à sede, à dor e às feridas. Os doentes se expõem ao longo de horas aos ardores do sol mais ardente, se despem em um frio de inverno, esquecem de comer e de beber, arrancam sem cautela os curativos que cobrem suas feridas e maltratam seus membros fraturados ou as partes doentes de seus corpos sem manifestar nenhuma dor. Da mesma forma, os temores que seriam os mais justificados com relação à sua saúde ou sua vida não se mostram neles ou são imediatamente afastados sem mais exame.

Curso das representações

O *curso das representações* suporta comumente distúrbios muito importantes e muito marcados. Nos estados de excitação, os doentes não podem mais seguir de uma maneira metódica uma ordem de pensamentos determinada; eles pulam sem parar de uma série de ideias a outra, para abandonar esta última logo em seguida. A uma questão que lhes convém, eles farão talvez de início uma resposta correta, mas associarão a ela uma multidão de observações ao lado, tendo somente uma relação muito longínqua ou mesmo não tendo nenhuma relação como o assunto. Em consequência dessas interpolações e desses disparates perpétuos, eles são completamente incapazes de contar uma história um pouco complicada se, por interrupções e questões, não forem reconduzidos a todo instante ao bom caminho. O curso das representações não é mais, como no normal, dominado por uma representação de conjunto que, no momento desejado, imprime uma direção bem determinada às associações de ideias e inibe tudo o que é acessório e acidental. Não são as representações comandadas pelo encadeamento geral do pensamento que tomam a todo instante o primeiro lugar, são aquelas que são favorecidas pelos hábitos de espírito. É por isso que se desliza assim de uma representação a outra semelhante ou somente vizinha da primeira, sem consideração do objetivo perseguido em primeiro lugar. O laço entre os elementos do pensamento se afrouxa pouco a pouco; daí se encontra o que aprendemos a conhecer sob o nome de *confusão por fuga das ideias*.

A fuga das ideias é com frequência percebida muito nitidamente pelos próprios doentes. Eles se queixam de não poder se concentrar, de não poder juntar seus pensamentos. Os pensamentos vêm sozinhos; eles se impõem, dizem eles: "Não posso apreender todos os pensamentos que se apressam em mim", declarava um doente. "É como uma tempestade na minha cabeça", dizia outro; "tudo se mistura junto", "meus pensamentos estão quebrados em pedaços". "Não sou o senhor de meus pensamentos." "Um pensamento caça o outro; eles só fazem aparecer e desaparecer." Eis expressões que possibilitam compreender bem o fenômeno.

Nos doentes deprimidos também, encontra-se com bastante frequência fuga das ideias; provavelmente, não é fácil detectá-la nos discursos reduzidos ao mínimo de doentes muito avaros de palavras; mas, muitas vezes, ela aparece nitidamente em abundantes explicações escritas. Os doentes se queixam de ter "pensamentos demais na cabeça", que eles não podem rezar, trabalhar, porque outros pensamentos, "intrusos", vêm se intercalar entre eles e suas ocupações; que não podem ter "nenhum pensamento durável"; que devem pensar em todas as coisas possíveis e imagináveis. Frequentemente também, parece se produzirem alternâncias bruscas entre a fuga das ideias e a inibição do pensamento, o que será descrito mais adiante. Disse uma doente: "Os pensamentos param, depois retornam por eles mesmos, se vão quando querem."

I – A Loucura Maníaco-Depressiva & Definição

Como a fuga das ideias não é outra coisa que uma das manifestações da extrema instabilidade mental, comumente observamos que os doentes que apresentam esse sintoma, precisamente porque são sensíveis às impressões exteriores mais que a outras, podem ser levados por elas a uma nova orientação do curso de seus pensamentos, e esta se reflete em seguida em sua linguagem. Um objeto que cai sob seus olhos, uma inscrição, um barulho inesperado, uma palavra que impressiona seus ouvidos são imediatamente inseridos em seus discursos e podem estimular uma série de representações quer semelhantes, quer, o que é o mais frequente, associadas somente em expressões completas ou por assonâncias. A faculdade de observação e a apercepção não estão aí para isso de modo algum aumentadas. Com bastante frequência, os doentes percebem somente de uma maneira superficial e imprecisa e eles não se preocupam muito com o que se passa em volta deles. Mas, se eles observam uma coisa, seu pensamento sofre imediatamente sua influência e comumente também o fluxo de seus discursos; eles formulam sua percepção em palavras e, uma vez dada a impulsão, se deixam ir adiante sem objetivo determinado.

    Informações muito preciosas sobre o processo do pensamento na fuga de ideias foram fornecidas pelas pesquisas sobre a associação, principalmente pelas de Aschaffenburg e de Isserlin. Aschaffenburg pôde demonstrar que os tempos de associação nos maníacos, contrariamente à ideia que deu origem à expressão mesma de fuga das ideias, não eram de forma alguma diminuídos, mas, o mais frequente, ao contrário, aumentados, o que se coaduna com o fato muitas vezes observado da fuga das ideias completamente caracterizada coincidindo com um caráter lento da palavra. Franz chegou às mesmas conclusões. Isserlin estudou sobretudo a duração das representações nos maníacos. Ele encontrou que, neles, as associações mostravam uma forte instabilidade manifestada por uma tendência a "divagar", a se evadir do círculo das representações introdutoras para passar a outro, fenômeno que é altamente característico da mania. Kilian e Gutmann insistem, além disso, sobre a repetição frequente da palavra indutora. Isserlin pôde estabelecer, com a ajuda de associações em série, que uma mudança de direção no pensamento se produzia, nos normais, aproximadamente a cada 5 ou 6 segundos e, nos maníacos, ao contrário, no fim de 1,6 a 1,7 segundo. A duração de uma representação simples pode ser aliada pelo método da inscrição fonográfica a por volta de um segundo para os doentes, enquanto nos sujeitos normais ela oscila entre 1,2 e 1,4 segundo. A característica essencial do pensamento maníaco é, então, a *fugacidade* das representações tomadas isoladamente; elas não se fixam na consciência, dissipam-se quase imediatamente depois de ser formadas. Um doente dizia: "Meus pensamentos são tão rápidos que não posso retê-los."

Inibição do pensamento

A *inibição do pensamento* que encontramos sob uma forma mais ou menos pronunciada em quase todos os estados de depressão, e também em alguns estados mistos de mania estuporosa e nas formas vizinhas da excitação maníaca, parece ser justamente o oposto da fuga das ideias. Os doentes se mostram incapazes de dispor à vontade de suas próprias representações, e eles sentem com frequência eles mesmos essa incapacidade que muito os aflige. As representações, ao que parece, se desenrolam apenas lentamente e apenas sob o golpe de estimulações muito fortes. Em seguida, a impressão não desperta mais dela mesma, fácil e rapidamente, uma multidão de associações entre as quais se teria somente que escolher. A ligação das ideias se faz, então, segundo o conteúdo das representações e não segundo relações exteriores, relações puramente verbais ou assonâncias. Comumente, a doente quase não tem mais ideias espontâneas e lhe é preciso conduzir penosamente seu pensamento por uma série de esforços de vontade sucessivos. Daí uma imensa dificuldade de pensar, um afrouxamento nas ideias, respostas absurdas às questões mais simples, ininteligência, pobreza de ideias. "O pensamento não vai mais, não posso mais me representar nada, não posso mais refletir sobre nada, minha cabeça está vazia", dizem os doentes, "minhas faculdades intelectuais se vão, estou como morto intelectualmente, estou como em um sonho, apático, e não sei mais absolutamente nada". Às vezes, eles se queixam ainda de que as representações estão agora descoloridas e pálidas, que eles não se sentem em condições de lembrar em seu espírito tal ou tal impressão particular, um acontecimento, uma paisagem, um quadro, a fisionomia das pessoas amadas. Eles sabem qual é o aspecto das coisas, são capazes de descrevê-las, mas lhes falta a lembrança sensorial com sua cor.

Os doentes desse gênero só desvelam um número extremamente pequeno de representações, mesmo quando a expressão do pensamento não parece entravada neles. Eles são considerados também comumente como muito debilitados, enquanto a evolução ulterior mostra bem que se tratava aí de uma dificuldade de pensar, e que não havia destruição definitiva no estoque das representações.

As representações, uma vez instaladas na consciência, não são mais recalcadas pela aparição de outra série de ideias, mas apenas empalidecem lentamente antes de desaparecer e com frequência se fixam com uma grande tenacidade, sobretudo quando mergulham suas raízes no estado sentimental. A consequência desse fato é uma extraordinária *uniformidade* no conteúdo das representações. Os doentes repetem sempre os mesmos pensamentos, não se deixam se afastar deles, voltam depois de cada questão nova à sua eterna lamentação: "Sou forçado a quebrar a cabeça durante horas a propósito das censuras que me faço cada dia", dizia um doente. Às vezes, essas ideias que reaparecem sempre apesar da vontade do doente tomam o caráter de ideias obsedantes. Os doentes são atormentados, apesar de si mesmos, pelo pavor perpétuo de ter matado alguém, jogado um homem na água, pisado hóstias, engolido um alfinete, encravado um espinho no pé, sujado os banheiros.

As experiências sobre a associação dão na depressão resultados completamente diferentes desses que são encontrados na mania. Essa diferença poderá ser bem percebida na comparação a seguir tomada emprestado do trabalho de Isserlin, entre duas séries de experiências feitas no mesmo doente, uma, em 25 de abril, em período de excitação, e a outra, em 8 de setembro, em período de depressão.

	Associações internas	Associações externas	Divagação	Assonâncias	Repetição da palavra indutora	Média dos tempos	Zona média
25 de abril	18%	81,5%	56%	22,3%	43%	1,0"	0,2"
8 de setembro	81%	17%	–	1,9%	–	"	6"

A duração das associações é quintuplicada na depressão, e a zona média que separa as cifras extremas obtidas e dá assim uma boa ideia de sua repartição está também aumentada. Os tempos de associações não são somente mais longos, eles são também desiguais. A relação entre as associações internas e externas está invertida; enquanto na mania as ligações segundo as relações externas, sobretudo segundo os hábitos verbais, são nitidamente dominantes, nos doentes deprimidos elas estão bem abaixo das associações por relações internas. Os dois estados se opõem ainda no que, no segundo, se veem desaparecer quase inteiramente as associações por simples assonância, que têm na mania um grande papel. Não é encontrada mais na depressão a "divagação" tão característica da instabilidade maníaca, nem, enfim, as repetições frequentes da palavra indutora que são devidas à inatenção.

Produtividade

A *produtividade mental* está comumente diminuída na mania. Deve-se fazer exceção para os casos muito leves de excitação maníaca, em que a excitação da vontade levada pela doença pode, em algumas circunstâncias, liberar forças que, sem isso, ficariam inibidas. A atividade artística particularmente está aumentada pelo fato do abandono sem reserva às impressões e aos sentimentos do momento; a atividade poética o está mais ainda pela facilidade nova da expressão verbal.

Essa ação favorecedora é sobretudo surpreendente por contraste com a ação inibidora que se exerce durante o período de depressão. Mas, nas formas francas de excitação maníaca, o que domina é a influência desfavorável da instabilidade e da inconstância da vontade. Pode-se facilmente se convencer disso: o jorro de pensamentos que é encontrado nos doentes não é de modo algum riqueza de ideias, mas somente palavras; ele se reduz com bastante frequência a repetições monótonas. Mesmo as graças que eles fazem na ocasião são quase sempre simples jogos de palavras e manifestam somente a tendência às associações por assonância. Encontramos neles a afetação ao usar as línguas estrangeiras e uma série de traços semelhantes aos que são encontrados na embriaguez, ou a paralisia intelectual pode facilmente ser colocada em plena evidência; no entanto, constatamos muitas vezes aqui, nos doentes, em oposição aos resultados da medida científica, a ilusão de um aumento da produtividade. Ela tem também pouco valor demonstrativo quanto o tem o sentimento experimentado pelo sujeito de um frescor de espírito, de uma santidade intelectual toda particular, sentimento que nasce da euforia maníaca.

Nos estados de depressão, ao contrário, o sentimento de desconforto intelectual é mais forte que a diminuição real da produtividade: isso vem do fato de que a inibição do pensamento pode ser neutralizada até certo ponto por um esforço de vontade, e é justamente para isso que ela é mais vivamente sentida. Os doentes se queixam de estar "como que enfeitiçados", "como que acorrentados", de ter o espírito paralisado, de ter necessidade de várias horas para terminar o trabalho mais simples que podiam antigamente concluir em alguns minutos, como para escrever uma carta, por exemplo.

Para determinar de um modo mais preciso a produtividade, eu, várias vezes seguidas, fiz refazer nos maníaco-depressivos os testes de cálculos, utilizando o método usado na medida da fadiga. Rehm examinou por volta de 24 normais e 34 doentes, nos estados os mais diferentes. Ele encontrou que a produção dos últimos ficava em média um terço inferior à dos primeiros.

Os resultados foram melhores nos maníacos que nos deprimidos. O enfraquecimento mais considerável se encontra nos doentes que, do ponto de vista clínico, apresentam uma inibição muito marcada, mas também nos deprimidos com excitação. O progresso diário devido ao exercício foi mais fraco que nos normais e foi mesmo uma vez negativo, mas, em certo número de casos também, ele ultrapassou a cifra mais alta dada pelos normais. Esses fatos mostram bem que a inibição, agindo tanto no início quanto no curso do teste, diminuiu a produção de uma maneira insólita. Deve-se interpretar do mesmo modo a observação seguinte: o efeito se depositando em uma suspensão de trabalho no meio do teste fica, em perto da metade dos doentes, abaixo da cifra mais baixa dada pelos normais; em mais de um terço dos casos, ele é mesmo negativo, o que não poderia jamais se produzir nos normais. É preciso então que aqui, durante a cessação do trabalho, tenham se originado inibições cujo efeito ultrapassou, em alguns casos, o efeito do repouso.

Os testes de cálculo organizados por Hutt em oito maníacos e 17 deprimidos mostraram, em geral, uma diminuição da produção que, nos primeiros, é insignificante, pela razão de que a diferença de cultura permite uma comparação com os normais examinados. O progresso diário devido ao exercício ficou abaixo daquele dos normais é foi, em um caso, negativo. Da mesma forma, em vários casos, obtêm-se valores negativos para o efeito que se deposita na suspensão do trabalho; a ação desfavorável da interrupção foi em geral mais marcada que nos normais. É preciso observar que, em alguns casos, contrariamente ao que se passa com os normais, à diminuição da produção após o repouso se soma uma elevação dessa produção no curso de um trabalho não interrompido; esse fenômeno só pode ser explicado da seguinte maneira: a ação exercida pela continuação do trabalho, que afasta as influências inibidoras, é mais forte que a ação da fadiga. Além disso, parece que nos doentes – e é o que confirma a experiência clínica –, o impedimento da produção pode ser relativamente rapidamente neutralizado pelo esforço e pelas estimulações, mas ele reaparece a partir da cessação da atividade, algumas vezes aumentado.

Ideias delirantes

As *ideias delirantes* são frequentes na loucura maníaco-depressiva, sobretudo nos estados de depressão. As formas mais simples ligam-se ao sentimento da improdutividade e apresentam um conteúdo hipocondríaco. O doente tem a impressão de ser incurável, perdido sem recurso. Ele tem um câncer, a sífilis, um amolecimento cerebral: ele se torna idiota, tem um ataque, está doente física e moralmente; é um caso desesperado; sua vida não será mais daqui por diante que uma lenta agonia. Seu corpo tem outro aspecto: os nervos estão secos; seus órgãos, consumados; o cérebro está obstruído; tudo está morto por dentro; sua voz soa oca; em seu cérebro, o sangue não circula mais; ele mesmo não pode mais repousar. Às vezes, as ideias delirantes são completamente fantásticas e fazem pensar naquelas da paralisia geral. O cérebro não é mais que uma pasta, a cabeça está grossa como o dedo, os pulmões e o estômago não existem mais; as partes sexuais estão murchas; o céu da boca está queimado; o esôfago desaparece; no corpo, tudo está embrulhado; na garganta, há um osso enfiado.

As *ideias de autoacusação* são também frequentes, talvez mais. O doente tem inquietações a respeito de sua vida passada, ele acha que não completou seus deveres, que cometeu muitos erros, que renegou o Salvador. Ele não teve bastante reconhecimento por seus pais, não se ocupou bastante de seus filhos, não os tratou bem, não mandou buscar o médico imediatamente no início de uma doença, não cuidou deles muito bem. Não terminou a tempo tal documento, cometeu um crime de lesa-majestade, negligenciou a religião, fraudou o Estado, se masturbou, cometeu um adultério, fez uma confissão falsa, uma comunhão sacrílega; ele foi "leviano em todos os pontos de vista", um "verdadeiro canalha". Essas ideias podem se afastar, não mais somente da realidade, mas mesmo da verossimilhança. O doente cometeu um perjúrio, ofendeu sem saber uma alta personalidade, perpetrou um incesto, incendiou sua casa, massacrou seus irmãos e irmãs; ele envenenou um príncipe, é cinco vezes assassino, responsável por todos os males, é uma alma danada, o rebotalho da humanidade.

As *ideias de perseguição* que se ligam com frequência ao delírio de autoacusação são um pouco mais raras. O doente se crê cercado de espiões, é seguido por detetives, está nas mãos da justiça secreta, de uma Nêmesis vingadora, ele vai para uma casa de correção, vai apanhar até morrer, ser executado, queimado, crucificado, tem todos os dentes arrancados, os olhos furados, inocularam-no com sífilis; ele deve apodrecer, morrer como um porco. Os vizinhos o desprezam, o ridicularizam, nem mesmo o cumprimentam; eles cospem à sua passagem. Nos jornais, há alusões a ele; o pregador visa a ele em púlpito; seus erros estão expostos publicamente em grandes cartazes. Ladrões, anarquistas entram em sua casa; há pessoas escondidas nos armários. O doente encontra veneno em seu café, em seu jarro de água; ele se sente hipnotizado, magnetizado; tentam seduzi-lo oferecendo-lhe dinheiro; ele está acossado. Mesmo seus próximos estão implicados em sua desgraça. Sua família deve morrer de fome. Sua mãe será cortada em pedaços; seu irmão, decapitado; seu marido, preso.

As ideias religiosas têm comumente aqui um papel importante. O doente se crê espionado no confessionário; ele está excluído da Igreja, enfeitiçado; perdeu a felicidade eterna, deve fazer penitência por todos, tomar para si os pecados do mundo inteiro. Satã tem todo o poder sobre ele, se esconde nele, ordena-lhe que jure, vai vir procurá-lo porque ele não presta para mais nada. O Senhor não pode mais nada por ele; sua prece não tem eficácia; sob o leito já queima o fogo do inferno.

Enquanto todas essas ideias delirantes são comumente apresentadas com as máscaras de uma emoção profunda e sincera, são expostas e defendidas pelos doentes com uma convicção ardente, as *ideias de grandeza*, como frequentemente as concepções dos maníacos, têm muitas vezes o caráter de boas

I – A Loucura Maníaco-Depressiva & Definição

piadas e exageros de fanfarrão. Além disso, ao contrário das ideias delirantes dos deprimidos, que são na maior parte do tempo uniformes e tenazes, aquelas variam sem parar, aparecendo um instante para desaparecer logo em seguida. Entretanto, podem-se, em alguns doentes mais reflexivos, observar ideias delirantes mais tenazes e que dão testemunho de um trabalho intelectual menos grosseiro. No primeiro grupo, citamos a pretensão dos doentes de ser o Messias, a Pérola do Mundo, o Filho de Jesus, a Noiva de Cristo, o Reino do Céu, o imperador da Rússia, o Bom Deus, de ter 10 mil filhos. Outras contam que o tsar é seu noivo. Aqueles são protegidos pelo Espírito Santo, aniquilaram o diabo; podem curar todos os doentes pela hipnose. Menos absurdo é a convicção de ser um grande artista ou um grande escritor, de ser barão, "médico de nascimento", doutor de todas as ciências, cavaleiro das ordens mais elevadas, bastardo de um príncipe, de ter uma alta missão, de falar sete línguas, de carregar cem quilos somente com a força do braço. Um doente se chamava a si mesmo "um herói, o primeiro depois de Nietzsche". As grandes heranças também entram em jogo. Um doente que se imaginava ter parentes muito distintas acrescentava que sua parte de herança devia ser calculada em consequência; outro se apresentava como o genro de Rockefeller e ostentava cem milhões que havia obtido em dote.

Encontra-se, em geral, uma clara *consciência do caráter patológico* de seu estado nos deprimidos, nas formas mais leves: mas, mesmo então, ela toma de bom grado um tom hipocondríaco com a ideia da incurabilidade do mal. Eles asseguram com frequência que sua doença é mais triste que todas as outras, que eles prefeririam de longe, de longe suportar qualquer dor física a esse sofrimento moral. Quando o delírio está mais realçado, tem-se uma perda completa da consciência da doença, mesmo quando os acessos anteriores, completamente semelhantes, são julgados sensatamente. Quando muito, o doente opõe aos argumentos do médico esta resposta de que ele seria feliz se tivesse o direito de sê-lo. Infelizmente, tudo de que ele se queixa é muito verdadeiro. Um doente pede permissão para fazer seu testamento, temendo ter em breve o espírito completamente desvairado. Nos estados maníacos, os doentes repelem na maior parte do tempo com energia a ideia de uma doença mental: "Quem me toma por louco é ele próprio louco!", dizia um doente. No máximo eles concordam que estão um pouco excitados, "um pouquinho ausentes". As ideias que eles expressam, eles afirmam mais tarde que eram somente para rir; eram um "pequeno delírio", "ideias de grandeza completamente naturais". Uma doente respondia, quando se fazia alusão aos atos de um caráter patológico que ela havia cometido: "Senhor Doutor, acontece-lhe às vezes também de fazer besteiras."

Humor

O *humor* é na maior parte do tempo alegre, com, na excitação forte, um caráter particular de exuberância excessiva. Os doentes são satisfeitos, "muito alegres" ou "felizes interiormente", entusiastas, "mais que contentes", "alegres de estar em um mundo tão belo". Eles se sentem bem, dispostos a todo tipo de piada e de brincadeira, "cheios de alegria", eles riem, cantam e brincam. Estão "deslumbrados com tudo", "a mais feliz das mulheres", a felicidade entrou neles: "eis que chega o tempo das rosas". A Figura 3, que representa maníacos em estado de excitação, mostra como se expressa esse humor com seus matizes variados, indo do prazer tranquilo e orgulhoso à alegria incoercível. As tendências sexuais são reforçadas e desencadeiam noivados impensados, casamentos por via de anúncios nos jornais, aventuras de amor pouco convenientes, uma conduta que surpreende, sedução e também ideias de ciúme e desavenças conjugais. Vários de meus pacientes apresentavam em seus períodos de excitação tendências homossexuais. Quando o sentimento de alegria se junta à pobreza de pensamento, ele toma facilmente um caráter de parvoíce, de tolice, que pode fazer crer em enfraquecimento intelectual. Por outro lado, a introdução no estado sentimento do maníaco de uma

I – A Loucura Maníaco-Depressiva & Definição

nuança de desprazer pode lhe dar a forma da excitação colérica. Os doentes se tornam arrogantes, orgulhosos, e, a propósito de uma contradição ou por outro motivo fútil, entram em um furor sem limites que se descarrega em uma saraivada de injúrias violentas e em vias de fato.

Figura 3 – Tipos de maníacos

Um caráter plenamente essencial do humor dos maníacos é que ele está sujeito comumente a oscilações frequentes e súbitas. No meio de uma alegria exagerada sobrevêm não apenas bruscos acessos de cólera, mas também crises violentas de lágrimas e soluços que imediatamente dão lugar novamente a uma alegria exuberante. "Não sei se devo rir ou chorar!", dizia uma doente. Essas alternâncias do humor que encontramos com frequência também, ainda que de uma forma menos manifesta, nos estados de depressão, mostram bem o parentesco íntimo entre tipos que parecem à primeira vista radicalmente diferentes.

O sentimento dominante nos estados de depressão é com mais frequência um peso, um desespero sombrio. O doente "tem cem quilos sobre o peito", é devorado pelo pesar, perdeu toda a coragem, sente-se abandonado, sem objetivo verdadeiro na vida. Seu coração é como pedra, nada mais lhe dá alegria. Ao que parece, há aí, além do sentimento de tristeza, certa inibição dos movimentos sentimentais que faz contraste com a facilidade do maníaco de se emocionar. É justamente essa diminuição da capacidade de estar emocionado, a perda do interesse íntimo que se tem pelos acontecimentos que se passam em torno de si, é isso que é sentido mais dolorosamente pelos doentes. Tudo é vazio e deserto neles; tudo lhes parece igual, nada lhes interessa mais, tudo parece "tão estúpido"; a música parece "uma coisa estranha". Eles têm o sentimento de estar completamente fora do mundo; não podem mais chorar, não sentem mais fome nem saciedade, nem a fadiga, nem o repouso ao acordar; não têm mais "nenhum sentimento de necessidade". Deus lhes retirou todo sentimento. Uma doente dizia que ficava em cólera de ver as pessoas se interessarem por suas ocupações. Outra declarava: "Estou como um pedaço de madeira e não sinto mais nem alegria nem pena." De fato, pode-se se convencer de que os doentes são extremamente pouco tocados pelas notícias ruins; é somente durante a convalescença que a dor natural reaparece comumente. Mesmo durante a visita de seus pais, eles têm frequentemente o ar ausente, apenas olham, não perguntam sobre as novas. Parecem às vezes abatidos e apáticos, embora não se trate aqui de uma destruição, mas de uma inibição dos sentimentos.

 Encontra-se também, menos frequentemente que essa tristeza sombria e melancólica, a tonalidade ansiosa do humor. Ora é "uma agonia e um tremor interior", um sentimento de tensão torturante que pode ir até o desespero mudo e irracional, ora é uma agitação ansiosa que se traduz da maneira mais variada, por estados de excitação violenta, atentados que

I – A Loucura Maníaco-Depressiva ⁊ Definição

o doente comete contra sua própria vida com um furor cego. Em outros casos, encontra-se uma atitude carrancuda, descontente, rabugenta, implicante. Os doentes são descontentes de tudo, o mundo inteiro está contra eles, tudo os cansa, os magoa, os irrita, os enche de amargura, o sol, a alegria do outro, a música, tudo o que se faz ou o que não se faz em torno deles. Os sentimentos desse tipo são encontrados com mais frequência nos períodos de transição entre os estados maníacos e os estados depressivos; eles devem ser considerados como misturas de depressão e de excitação maníaca.

As torturas verdadeiramente insuportáveis, levando-se em conta os discursos repetidos dos doentes, que acompanham os estados de depressão trazem quase em todos, ao menos durante um tempo, o *desgosto da vida*, e com bastante frequência também o violento desejo de trazer a qualquer preço um fim a seus males. Dizia uma doente: "Só me resta me reduzir a pó e me jogar na água!"; e outra: "Uma pedra ao pescoço e ao mar!" Em muitos casos, os doentes tentam se deixar morrer de fome, enforcar-se, abrir as próprias artérias; pedem que os queime, que os enterre vivos, que os largue na floresta e os deixe lá para morrer. Na execução de suas tentativas de suicídio, eles se mostram muitas vezes completamente insensíveis à dor física. Um de meus doentes feriu o pescoço na aresta de um gancho preso ao solo até que este tivesse penetrado através das partes moles até a coluna vertebral.

De 700 mulheres maníaco-depressivas que observei em Munique, 14,7% fizeram sérias tentativas de suicídio, e, dentre estas últimas, as que tinham mais de 35 anos no momento da admissão representavam 16,2% do total. De 295 homens, levantaram-se 20,4% de tentativas de suicídio. A diferença entre os dois sexos, no que concerne à tendência ao suicídio, é muito maior nos normais, sendo quase suprimida pela doença.

Nos estados de depressão, como indicamos anteriormente, o tom do humor não fica sempre semelhante, mesmo quando seus traços fundamentais guardam uma fixidez desesperadora.

Sem falar dos casos, que não são raros, nos quais se pode observar, durante um curto espaço de tempo, uma transformação completa em estado maníaco, nós somos frequentemente surpreendidos por um sorriso sem razão, uma súbita alegria que se introduz bruscamente no meio de lamentações e de ideias de perseguição. "É uma miséria", dizia uma doente, embora mostrando uma fisionomia satisfeita. De tempos em tempos, os doentes se põem a fazer graça de gatos-pingados, brincam e são irônicos com seus próprios sofrimentos, chamam-se a si mesmos de velhaco, vaca... Um doente se denominava "grande masturbador". Um fato é particularmente característico e apresenta com frequência certa importância para o diagnóstico: acontece muitas vezes que, nos casos em que o mau humor não é forte demais, se pode, conversando com o doente, levá-lo a lhe fazer cara boa. A imprevisibilidade com a qual os traços do rosto preocupados e abatidos tomam uma expressão de alegria exuberante é verdadeiramente assombrosa.

Necessidade imperiosa de atividade

Os distúrbios mais notáveis de longe se manifestam no curso da loucura maníaco-depressiva no domínio da vontade e da ação. Nos estados maníacos, o quadro clínico é dominado pela *necessidade imperiosa de atividade*. Nós nos referimos aqui a uma excitação geral da vontade. Provavelmente, as pesquisas experimentais explicam que a duração das reações simples e das reações de escolha está comumente aumentada, às vezes mesmo de uma maneira considerável. Mas muitos fatos mostram que essa diminuição do ritmo concerne principalmente à ligação dos atos com as excitações exteriores que são frequentemente percebidas de um modo bastante defeituoso. Em compensação, todas as ideias que sobrevêm ao espírito se traduzem logo em atos, enquanto no normal há inúmeras veleidades detidas em seu desenvolvimento. O distúrbio poderia, até certo ponto, se comparar aos que podemos provocar artificialmente por meio do álcool: donde as grandes semelhanças que há entre muitos maníacos e os indivíduos em estado de embriaguez mais ou menos avançada. Seguramente, neste último caso, o enfraquecimento da apercepção e do pensamento é relativamente mais considerável que nos doentes; além disso, veem-se aparecer logo fenômenos de paralisia e de incerteza no movimento.

A necessidade de atividade do maníaco provoca naturalmente nele agitação mais ou menos marcada. No grau mais leve, é somente uma certa instabilidade, uma azáfama surpreendente, um espírito de empreendimento prodigioso que não para jamais. Os doentes fazem todo tipo de plano, querem aprender canto, escrever uma peça de teatro, enviam projetos de reforma ao chefe de polícia ou à administração das estradas de ferro; um padre escrevia ao papa uma carta sobre o casamento dos padres. Eles se preocupam com os negócios dos outros, e não com os seus, fundam empresas absurdas, compram casas, roupas, chapéus, fazem encomendas, contraem dívidas, querem estabelecer um observatório, partir para a América; um doente ia à Córsega e lá comprava por 85 mil marcos propriedades que lhe ocasionavam processos sem fim. Eles fazem projetos de casamento, ligam-se a indivíduos suspeitos, beijam em plena rua mulheres que não conhecem, percorrem os cabarés, entregam-se a todas as devassidões. Uma jovem roda de taberna em taberna com estudantes e lhes paga a bebida. Um senhor de idade, casado, vai passear em plena rua, ao sair de um café-concerto, com uma negra. Eles passam em sociedade por *bon-vivants*, dão grandes gorjetas, pagam rodadas e, em compensação, brigam com seus chefes, negligenciam seus deveres, abandonam sua situação sem motivo algum, cometem indelicadezas; uma doente subia sem bilhete em um bonde assegurando falsamente que estava abonada.

Quando a excitação é mais forte, aparece então o quadro da *mania aguda* propriamente dita. As impulsões se sucedem umas às outras e a atividade torna-se quase incoerente. O doente é absolutamente incapaz de perseguir um objetivo longínquo porque novas impulsões nascem nele sem parar e o desviam de seu propósito primitivo. Sua necessidade de atividade se resolve finalmente em uma sequência incoerente de volições sempre novas e mutáveis, em que não se pode mais reconhecer uma linha de conduta única, mas que vêm e se vão no instante mesmo em que nasceram. O doente canta, conversa, dança, faz barulho, se exercita na ginástica, marca o compasso, se agita, joga tudo no chão, se despe, se arruma de uma maneira estranha, grita e urra, ri ou chora, sem poder parar, faz caretas, tem atitudes teatrais, declama com gestos passionais. No meio desses saltos de ideias incoerentes, ficam sempre, no entanto, fragmentos de atividade que conservam certa relação com as representações dominantes ou o sentimento geral: expressões, brincadeiras alegres, ataques, zombarias, palavras de amor etc.

É somente no mais forte da excitação que os doentes vão até o desregramento. Eles viram os olhos, sacodem a cabeça, dançam no chão, saltam, vociferam, fazem cambalhotas, marcam o compasso no colchão, sapateiam, tamborilam, levantam os ombros, esperneiam, rangem dentes, cospem e se mordem. Os movimentos são às vezes completamente monótonos e desprovidos de significação e às vezes dão a impressão de ser executados para obedecer a uma ideia obsedante: uma doente me contava que era forçada a executar com os braços e a cabeça movimentos particulares e dizer palavras bem determinadas: "Deixem-me, deixem-me trabalhar." Outra explicava que lhe era preciso bater o punho na parede; uma terceira devia se levantar de sua cama "ao comando".

As Figuras 4 e 5 podem dar uma ideia do *habitus* dos maníacos. A primeira mostra uma doente que, para se divertir, fez com os cabelos um grande número de tranças; a segunda representa outra que, juntando farrapos de roupas, de guardanapos e de cobertores de lã, preparou para si um traje pitoresco e nos oferece, sobre uma tampa de cartão, uma armada de papéis dobrados em forma de pássaros. Mais adiante, eu forneço algumas fotografias tomadas emprestado de uma coleção de Weiler, que nos mostram uma doente, com gestos muito animados, em suas diferentes atitudes expressivas e mutáveis.

Figura 4 – Maníaca com os cabelos trançados

Fora da excitação, existe comumente também nos nossos doentes um *aumento da excitabilidade*. Talvez devamos considerá-la como o sintoma essencial. Frequentemente os doentes estão quase tranquilos, tanto que eles ficam fora de todas as excitações exteriores; uma palavra que lhes dirigimos, uma visita, os gritos de uma vizinha de cama logo trazem uma excitação que aumenta rapidamente. Quanto mais os deixamos falar e se agitar, mais a necessidade de atividade torna-se forte; está aí um fato muito importante de ser conhecido para o tratamento.

Apesar da mais violenta excitação motora que se prolonga às vezes por vários meses sem diminuir, com curtas interrupções, o doente não sente de nenhuma forma o *sentimento de fadiga*. Ele não manifesta nem exaustão, nem abatimento; o consumo que ele faz de força muscular não produz nenhum sentimento penoso, em parte talvez porque sua sensibilidade, como dissemos anteriormente, está enfraquecida, mas sobretudo por causa da facilidade com a qual, nele, a ação tem início. É suficiente, para ele, a impulsão mais fraca para colocar generosamente para fora as manifestações de sua atividade motora, enquanto o normal, para atingir o mesmo objetivo, teria tido necessidade de um dispêndio incomparavelmente maior de força nervosa. Isso é devido a que toda tentativa para simular esse estado é forçosamente votada a um fracasso ao fim de muito pouco tempo, porque é impossível superar, somente pelo esforço da vontade, o sentimento paralisante da fadiga. É esse fato, como também o descuido com o qual os doentes maltratam seu corpo, que deu origem a essa ideia inexata, e no entanto fortemente divulgada, de que os maníacos dispõem de uma força física extraordinária. Ao contrário, a capacidade de trabalho muscular, medida pela ergografia, se mostra em geral consideravelmente diminuída. Em contrapartida, os movimentos são mais rápidos que nos normais, sobretudo quando são executados em série e quando os doentes chegam a um estado de excitação crescente.

A respeito dos que os cercam, os doentes se mostram muito caprichosos. Comumente, eles são sugestionáveis, acessíveis, com frequência indiscretos, eróticos. De um momento a outro, tornam-se irritáveis, ameaçadores e violentos, mas podem com muita rapidez ser amansados por palavras amigáveis ou brincadeiras. Alguns doentes são distantes, desdenhosos, bruscos, inabordáveis; às vezes observam-se flexibilidade pálida e ecolalia ou ecopraxia.

Figura 5 – Maníaca coberta de ornamentos variados

I – A Loucura Maníaco-Depressiva & Definição   39

Figura 6 – Diferentes atitudes de uma maníaca

Logorreia

A *logorreia*, com frequência muito evidente, é uma manifestação da necessidade imperiosa de atividade. A passagem da representação da palavra à expressão verbal é, também, facilitada pela doença. Isserlin pôde demonstrar que, em um maníaco, o número das sílabas pronunciadas em um minuto chega a de 180 a 200, enquanto os testemunhos normais não passam de 122 a 150. Como mostramos anteriormente, esse fato deve representar algum papel na formação da fuga das ideias. A facilidade de evocação das representações motoras verbais exerce uma grande influência sobre o desenrolar do pensamento, e ao mesmo tempo as relações inteligíveis das representações entre eles passam para o segundo plano. Donde vem que, no mais alto grau da fuga das ideias, como sob a influência do álcool, veem-se substituir progressivamente as representações encadeadas logicamente pelas expressões verbais completas, alianças de palavras, aliterações e rimas. Como se pode constatar nos exemplos apresentados anteriormente, veem-se dominar cada vez mais associações por assonância, nas quais não existe mais traço de relação interna das representações entre elas: consonâncias e rimas, mesmo desprovidas de qualquer tipo de sentido. A Figura 7, que reproduz segundo as pesquisas de Aschaffenburg a porcentagem das associações por assonância em cinco normais e cinco maníacos, mostra qual pode ser a gravidade desse distúrbio da linguagem. Os números obtidos pelos normais oscilam aqui entre 2 e 4%; eles podem, além disso, estar algumas vezes mais elevados; isso depende das disposições particulares do sujeito. Mas não chegam jamais aos números muito altos dados pelos maníacos, que vão aqui de 32 a 100%. Uma doente escrevia sobre uma folha de papel: *Nelke – welke – Helge – Hilde – Tilde – Milde – Hand – Wand – Sand.*

Figura 7 – Frequências das associações por assonância nos normais e nos maníacos

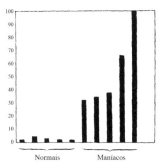

I – A Loucura Maníaco-Depressiva & Definição 41

Nas produções verbais do doente se manifestam ao mesmo tempo a fuga das ideias e a logorreia. Ele não pode guardar silêncio, ele conversa e grita à plena voz, faz barulho, berra, urra, assobia, inverte a ordem das palavras, enfia frases umas após outras, palavras e sílabas incoerentes, mistura línguas diferentes, prega usando um tom solene com gestos patéticos e, sem transição, passa da ênfase ao humor sentimental, à ameaça, às choradeiras, às obscenidades ou se põe bruscamente, para terminar, a rir escandalosamente. De um momento a outro, adota uma linguagem cochichada ou uma linguagem torneada e preciosa, ou ainda emprega neologismos, formados seja de sílabas sem significação, seja de palavras estrangeiras truncadas e distorcidas. Juntem a tudo isso citações, jogos de palavras, estilos poéticos, palavrões enérgicos. Muitos doentes falam como as crianças, em estilo telegráfico, no infinitivo. Eis um exemplo, tomado sob ditado, da linguagem dos maníacos:

> Veja bem, tudo me parece cinza; o relógio de pulso (que apresentamos à doente) marca o curso do tempo; Sr. N... tem um cronômetro prontinho. Meu estômago me faz mal, sempre hip! hip! hurra!... O gênio foi o poeta, o gênio do tempo; verão, o verão deve vir, as árvores germinam e você não está mais na sua casa. Pequena rosa, tão amável em Haia, ninguém pode vir me procurar. Os extremos se tocam. O tempo corre durante tantos anos, ninguém pode vir me procurar. [À vigilante]: Nojenta, prostituta impudica, você pode rir do que tenho boa esperança, falado de rosa; você é um asno cinza. Cinza, fiel amigo, é toda a teoria. Estrela, Flor tão sem dificuldade. Viva o grão-duque, Direito de viver, Pombinha etc.

A incoerência não tem de modo algum por causa aqui a riqueza de um espírito fértil em ideias, mas, ao contrário, a ausência das representações diretoras que dão um norte ao pensamento. O normal pode como aqui alinhar séries de palavras, mas somente se ele solta as rédeas a seu pensamento e exprime sem escolher tudo o que lhe vem ao espírito. Neste último, contudo, como apreendemos pelas pesquisas de Stransky, em seguida à persistência involuntária das representações diretoras que conduzem uma estabilidade maior do pensamento, o número das ideias que nascem espontaneamente é sensivelmente mais fraco: em seu lugar se produzem enumerações, análises de ideias e repetições. Nos doentes, encontram-se com frequência também enumerações; um deles exclamava: "*Straubing, Osterhofen, Vilshofen, Passau*", e, em seguida: "Vida, luz, morte, inferno, eternidade".

Em geral, os discursos dos doentes sofrem fortemente a influência das impressões exteriores. Eles entrelaçam palavras ouvidas, as relacionam com a impressão que sobrevém, fazem delas o ponto de partida de uma fuga de ideias que continua em seguida totalmente sozinha. Às vezes, eles transformam em brincadeira a impulsão recebida de fora, respondem a todas as questões com uma gargalhada, as repetem ridicularizando-se, fazem a elas uma resposta intencionalmente inexata ou as esquivam por um dito espirituoso. Uma doente, cada vez que lhe se dirigia a palavra, repetia rindo ruidosamente: "*Nixen*" (para *Nichts*, nada). Outra, interrogada sobre sua idade: "Eu jamais nasci!"; se se lhe apresentava o problema 7 × 7: "Não se conta mais, se pesa, se mede!" Enfim, é preciso dizer bem também que os doentes não somente alinham espontaneamente palavras isoladas e frases incompletas sem continuação alguma, mas com frequência não penetram completamente no pensamento do interlocutor e trazem explicações absurdas sem relação alguma com a questão. Alguns guardam o silêncio e se fazem compreender pelos que os cercam por uma linguagem de gestos muito expressiva e animada.

Nos *escritos* dos doentes, manifesta-se a tendência de empregar palavras estrangeiras, de misturar línguas diferentes. A influência das consonâncias sobre a continuação das representações é aqui, por razões que é fácil de compreender, menos forte que na linguagem falada, sobretudo nos doentes cuja linguagem interior não se aproxima do tipo motor ou auditivo. Encontram-se também, com frequência, enumerações de ideias análogas bem descritas por Aschaffenburg, e, ao mesmo tempo, as associações fundadas na contiguidade em que as semelhanças exteriores são substituídas pela marcha lógica

I – A Loucura Maníaco-Depressiva & Definição 43

do pensamento. A instabilidade e o aumento da excitabilidade se mostram bem no fato de que as primeiras palavras ou as primeiras linhas são com frequência coerentes, enquanto a continuação não se compõe com mais do que enumerações, reminiscências, fragmentos de poesias, assonâncias e rimas. Eis um fragmento de uma carta de condolências que contém exemplos desses descarrilamentos do pensamento:

> "Ah! Querida senhora! Eu chego bem tarde para lhe expressar minha simpatia mais profunda, mais viva e mais verdadeiramente sincera, ao sujeito da morte à Fidelio de seu querido Florestan. Jamais se vem tarde demais quando se pergunta: Ah! Como é possível que eu tenha tanta dor de sua morte, querido Céladon e Roméo, seu único amigo. Infelizmente! A querida esposa acaba de costurar o... Sim, as lágrimas! Pamela Questenberg Neumann Gordon à Vizthum Magdalena o Terzky Struve Carola também conde de Lula o Leonore o Sollschwitz o Gitschin Generalmajor Von Schmieden, também logo capitão que está que lá, perdoe."

Encontramos primeiramente aqui a série Fidelio-Florestan-Céladon-Roméo, que interrompe a ideia primeira, depois a expressão "Eu chego tarde" desencadeia a série Questenberg-Neumann-Gordon-Terzky, à qual sucede um grande número de outros nomes. Esse desvio de ideias conduz a uma conclusão em francês e se juntam no resto da carta fragmentos em inglês, em latim e em grego, e uma série de estrofes sonoras.

A escrita dos doentes pode ser, no começo, perfeitamente correta e normal. Mas, por causa da excitabilidade, ela se torna pouco a pouco maior, mais pretensiosa e mais irregular. Os doentes não se preocupam com o leitor, eles escrevem de través, confundem tudo: as palavras sublinhadas, os pontos de exclamação, as rubricas ousadas se multiplicam. Todos esses distúrbios, tanto os do conteúdo como os da forma, são bem ressaltados no manuscrito da Figura 8. A quantidade dos escritos redigidos pelos maníacos é às vezes espantosa. Provavelmente, eles não esperam ser lidos; é o próprio prazer de escrever que os instiga.

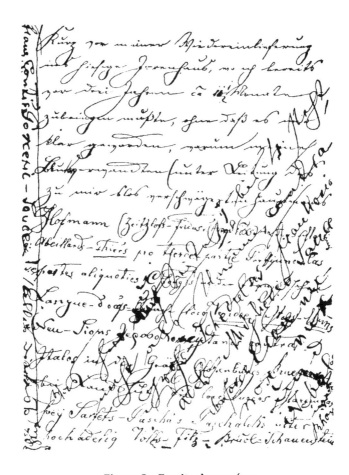

Figura 8 – Escrita de maníaco

Inibição da vontade

Nos estados de depressão, a necessidade de atividade é comumente substituída por seu oposto, a inibição da vontade. O desencadeamento do ato se torna difícil, às vezes mesmo impossível. No mais baixo grau, esse distúrbio se traduz pela *impotência de tomar uma decisão*. As impulsões que sobrevêm no espírito não são mais bastante fortes para superar as inibições que se opõem ao ato. Embora ele veja claramente a necessidade de agir, embora não tenha objeção verdadeira, nem segunda intenção, o doente não pode, contudo, se decidir às ações mais simples. "Ele não tem mais vontade", "ele não sabe mais o que deve fazer", ele precisa sem parar pedir conselho, não pode mais fazer nada corretamente, porque não tem mais certeza de estar no bom caminho. Um doente declarava: "Eu sou um fraco que não sabe mais o que quer." Logo depois de muitas hesitações ele começou uma ação, ele para a cada instante, pois lhe falta a energia de uma resolução forte. O doente não chega mais ao fim de nada, ele faz tudo de través, não avança, a despeito da aplicação muito grande com que se põe a executar seu trabalho: ele não tem verdadeiramente gosto por nada; sente pesar sobre si as dificuldades. Uma doente contava que tinha se vestido de manhã cedo para sair e que, à tarde, ainda estava em casa. Os movimentos simples por si mesmos, se exigem uma impulsão voluntária, são todos mais ou menos moderados e executados sem força: as mãos e os pés não obedecem mais. O doente não pode mais tomar nada, nem nada manter: ele tem como chumbo sobre a língua. Sua atitude física é mole, cansada; seus movimentos, constrangidos e embaraçados; sua expressão, fixa e imóvel. Com a ergografia, Gregor e Hänsel puderam mostrar a queda brusca e precoce das elevações com uma curva baixa e prolongada, o que mostra o enfraquecimento rápido da impulsão voluntária e a conservação da força muscular. As influências exteriores e particularmente as excitações sentimentais podem neutralizar a inibição. Sobre uma ordem enérgica ou em caso de perigo, o doente pode executar atos que lhe seriam sem isso impossíveis. Com a injeção, não se obtém com frequência nenhum movimento de recuo, ou somente se se tocam lugares muito sensíveis: a flexibilidade pálida e os fenômenos de eco não são raros.

 Nos casos mais graves, nas formas estuporosas, toda exteriorização da vontade pode ser suprimida, ao ponto que o doente deve ficar deitado e pode mal abrir os olhos. Ele é incapaz de mostrar a língua, tomar suas refeições, dar a mão, ou mesmo deixar a cama para fazer suas necessidades. Embora ele compreenda os convites que lhe são feitos, obtém-se dele no máximo uma tentativa fraca e trêmula de fazer os movimentos pedidos. Ele conserva atitudes incômodas porque não pode mudá-las para tomar uma melhor posição; se se colocam objetos em suas mãos um após o outro, ele procura convulsivamente segurá-los, incapaz que está de abandoná-los um após o outro.

A curva (Figura 9) que representa uma reação motora obtida por Isserlin, em uma deprimida, mostra nitidamente o entrave muito forte trazido aos atos voluntários mais simples. É preciso compará-la às curvas dos normais e dos catatônicos reproduzidas mais adiante: ela mostra a extrema lentidão da flexão e da extensão do dedo e a fraca amplitude do movimento.

Figura 9 – Flexão e extensão do dedo em um doente deprimido

A inibição da vontade é comumente sentida pelo doente de uma maneira extremamente penosa. Em muitos casos, o sentimento da insuficiência, da incapacidade aparece, enquanto a observação exterior não deixa nada avistar da dificuldade crescente da atividade voluntária. No início, os doentes podem compensar em certa medida o entrave provocado na vida interior por um aumento do esforço voluntário. O mais frequente, a diminuição da atividade é interpretada pelos doentes como uma falta moral. Eles se fazem as censuras mais amargas sobre sua inação, não querem ficar na cama para não parecer preguiçosos. Alguns desenvolvem uma espécie de raiva de trabalho, não se concedem nem paz nem trégua para evitar esses remorsos: "Fomos forçados a lhe tirar a pá das mãos; sem isso, ele não teria jamais parado", contavam os pais de um doente. É possível, contudo, que, nos casos desse tipo, intervenha certa excitação psicomotora.

A dificuldade crescente do acionamento da vontade conduz naturalmente a uma redução mais ou menos considerável da atividade. Se, no início, o doente ainda executa os atos mais necessários, em contrapartida, toda atividade espontânea logo desaparece. O doente abandona todas as suas ocupações extraprofissionais, suas funções honoríficas, deixa seus círculos, experimenta constantemente a necessidade de repousar. Mais tarde, ele negligencia os cuidados com a toalete, não se cuida mais; finalmente, deixa toda atividade e se confina à cama, na qual fica estendido, sem fazer movimento e mesmo, na ocasião, não se esforça consigo mesmo. Um fato importante do ponto de vista prático é que a impotência do doente de tomar uma decisão diminui em certa medida o perigo de suicídio, pelo menos no mais forte da doença. Embora ele conserve o vivo desejo de colocar fim à sua vida, não tem mais a força para realizar esse projeto. Um de meus doentes se mantinha na borda da água, mas ele não tinha "a coragem" de se jogar.

As manifestações exteriores da vontade são muito diversamente modificadas pelo efeito da inibição. Como é primeiramente *o acionamento da decisão voluntária* que se torna mais difícil, alguns atos que são executados por hábito, sem uma intervenção particular do querer, não são de nenhuma forma impedidos, enquanto a inibição já se faz fortemente sentir em outros domínios. Os doentes podem ainda se vestir, se ocupar, embora já sejam incapazes de tomar por si mesmos uma resolução; eles levam bem sem dificuldade particular e sem complicação seu trabalho habitual de cada dia, mas recuam aterrorizados diante de todo empreendimento novo, diante da menor responsabilidade a ser tomada.

A linguagem que traduz os sentimentos interiores é em geral fortemente tocada pela inibição; mesmo a mímica e os movimentos perdem comumente sua vivacidade. Os doentes falam à voz baixa, lentamente, hesitando, de maneira monótona, às vezes gaguejando, cochichando, ele param frequentemente no meio de uma frase, antes de pronunciar uma palavra. Guardam silêncio, só falam por monossílabos, não podem sustentar uma conversa, embora sejam capazes de contar ou de ler com a rapidez comum; com frequência, no lugar de pronunciar cada palavra por um esforço sem parar repetido, eles dão sua resposta de uma vez, ou então falam cochichando, mas com força, com gestos animados. Pferdsdorff chamou a atenção para o fato de que alguns doentes cometem, ao soletrar, erros grosseiros, omissões, repetições, intervenções de letras; contata-se às vezes nesse exercício que a imagem auditiva influi na formação da imagem visual (*k* no lugar de *a* ou de *h*). O doente não fica, por vezes, em dificuldades para copiar um texto, mas fica durante horas diante de uma carta começada, sem poder terminá-la. O distúrbio da função não se estende igualmente à linguagem falada e à linguagem escrita. Há doentes que falam muito fluentemente, mas chegam apenas a escrever algumas linhas, e inversamente outros escrevem longas cartas apaixonadas, enquanto ficam mudos quando se tenta conversar com eles.

Excitação ansiosa

A inibição da vontade é às vezes substituída pela excitação ansiosa. Os doentes apresentam uma agitação mais ou menos viva, não podem se manter tranquilos, não ficam na cama, correm por todo lado, se escondem em seus lençóis, procuram fugir. Eles se lamentam, gemem, se desolam, gritam, torcem as mãos, arrancam os cabelos, batem a cabeça, se rasgam, se arranham, se agarram à cama, rezam, se jogam de joelhos, se arrastam pelo chão, pedem graça, perdão. Nos casos mais graves, veem-se então o doentes soltar gritos sem nenhum tipo de significação, se queixar, urrar, virar em volta, se fustigar, ofegar, torcer convulsivamente as mãos e o corpo, esfregar-se nas paredes, vacilar. Com bastante frequência, constata-se uma repetição uniforme e rítmica desses movimentos.

Specht, Thalbitzer e também Dreyfus estão dispostos a interpretar essa excitação ansiosa como um estado misto; tratar-se-ia aqui de uma combinação da depressão com a ex-

I – A Loucura Maníaco-Depressiva & Definição   49

citação sintomática da mania. Ao contrário, Westphal e Kölpin observaram que a excitação tinha aqui o valor de uma descarga imediata da ansiedade, e que, em consequência, não podia ser considerada como um elemento maníaco acrescentado ao quadro clínico. A isso pode-se objetar que a ansiedade em si mesma pode produzir tanto a inibição quanto a excitação da vontade; por consequência, seria possível que a transformação em excitação ansiosa dessa tensão interior que encontramos em muitos estados de depressão com estupor seja facilitada ou mesmo condicionada pela aparição de uma excitação da vontade (no sentido que essa palavra tem na mania). Parece-me, entretanto, imprudente explicar por meio de ideias tão simples estados que são certamente bastante complicados. Veremos mais adiante que alguns fatos parecem indicar que o tom ansioso particular de alguns estados de depressão, que se distingue nitidamente daquele dos estados maníacos, está em relação com a idade da vida (fato que, aliás, Specht justamente utilizou em benefício de sua tese). Por ora, entretanto, acho muito arriscado considerar sem mais amplo exame essa excitação ansiosa que se traduz puramente por movimentos de expressão, mesmo se eles são muito violentos e incoerentes, como uma simples mistura do humor ansioso com a necessidade de atividade maníaca. Mas, por outro lado, como veremos mais adiante, há estados que devem sem dúvida ser interpretados nesse sentido, e devemos acrescentar que às vezes o diagnóstico diferencial é difícil e que talvez também observamos formas de transição.

Pesquisas feitas com a ajuda da balança gráfica

A Figura 10 poderá dar uma ideia das particularidades dos distúrbios psicomotores na loucura maníaco-depressiva. Ela representa, registradas pela balança gráfica, as variações da pressão exercida pela mão escrevendo o primeiro e o décimo da série dos números. Os comprimentos trazidos em abscissa indicam o tempo esgotado durante o ato de escrever;

a altura da curva representa, aumentada proporcionalmente, a pressão exercida a cada instante sobre o suporte do papel. Sob cada curva, encontra-se reproduzida fielmente a própria cifra escrita durante a experiência. A curva A provém de uma vigilante normal. Reconhece-se no primeiro e melhor ainda no segundo 1 a diminuição da pressão durante o retorno da mão para trás e a subida da curva durante o traçado do primeiro traço. No zero, a formação da argola leva a uma pequena variação de pressão. Os zigue-zagues no fim da curva provêm de oscilações consecutivas da pena no momento em que ela é erguida bruscamente.

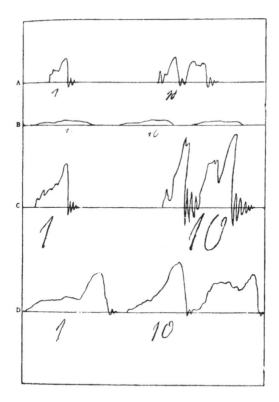

Figura 10 – Pressão gráfica na loucura maníaco-depressiva

A curva C foi dada por um maníaco. A excitação psicomotora se traduz já pelo tamanho e pelo caráter pretensioso da escrita. A pressão está consideravelmente aumentada, da mesma forma que a rapidez da escrita se nos damos conta da diferença de comprimento dos movimentos executados. No segundo 1, a pressão e a rapidez estão consideravelmente aumentadas, fato que se encontra no normal, mas de uma maneira muito menos marcada, e que indica que a atividade torna-se cada vez mais fácil ao longo do trabalho; ele pode ser observado aqui como exprimindo o aumento da excitabilidade psicomotora. O número das oscilações consecutivas que aumenta rapidamente durante o curso da experiência mostra a brusquidão maior das variações de pressão durante os movimentos violentos da escrita.

A figura B, obtida de uma doente em estado de depressão, nos oferece um aspecto completamente diferente. As cifras são pequenas; contudo, demandam um tempo consideravelmente mais longo que na figura A. Há, então, uma forte diminuição. Da mesma forma a pressão é extraordinariamente baixa: ela não chega mesmo a 50 g e apresenta variações muito pouco marcadas. As oscilações consecutivas falham: a pressão não parou bruscamente, mas progressivamente. Mesmo aqui, observa-se ainda um leve aumento da velocidade no segundo 1. Entre este e o zero que se segue, intercala-se um repouso relativamente longo. Resumindo, enquanto encontramos no maníaco movimentos violentos, muito acelerados, com um aumento brusco e considerável da excitabilidade, encontramos aqui hesitação a começar e a terminar, uma pressão consecutiva mais leve e uma diminuição do ritmo considerável da escrita, sinais que traduzem claramente a existência de uma inibição psicomotora.

  Mas esses dois estados do órgão de nossa vontade, que distinguimos aqui um do outro, não formam um contraste tão manifesto quanto poderia parecer à primeira vista. Pelo menos nós os vemos com bastante frequência, no curso da doença, se transformarem bruscamente um no outro. A inibição e a facilitação da impulsão voluntária podem, então, ser somente manifestações, parentes próximas uma da outra, de um mesmo distúrbio funcional. É o que se torna mais evidente quando vemos os sinais de mudança patológica das duas ordens se juntarem com bastante frequência um ao outro. Mostraremos mais adiante em detalhes as formas clínicas particulares desses estados mistos. Quero somente aqui chamar a atenção para a figura D do quadro. Ela provém da mesma doente da figura C; mas, nesse momento, no curso de uma mania grave, durante alguns dias, a necessidade de atividade estava completamente diminuída. A cifra se tornou menor e a curva nos mostra um fraco aumento da pressão, uma ascensão e uma queda lentas e uma diminuição do ritmo considerável da escrita, isto é, uma mistura completamente característica das mudanças que constatamos anteriormente na excitação maníaca e na inibição.

Provavelmente, não encontramos mudanças tão marcadas nas curvas de pressão. Em particular, as pesquisas empreendidas até aqui sobre uma escala maior para os estados de depressão mostram que encontramos nestes numerosos intermediários, desde o tipo da figura B até formas que se aproximam da normal. A força, a velocidade e a riqueza do movimento gráfico podem não apresentar nenhuma modificação, enquanto, por outro lado, os doentes apresentam sinais manifestos de inibição da vontade. Deve-se no momento considerar como não resolvida a questão de saber se os distúrbios gráficos mais graves são característicos de estados determinados, se dependem do conteúdo da escrita, ou da importância mais ou menos grande que apresenta para a animação do movimento gráfico, nos diferentes indivíduos, a impulsão voluntária.

Signos físicos

Os acessos de loucura maníaco-depressiva são em geral acompanhados de *modificações físicas* de todo tipo. As mais notáveis de longe são os distúrbios do *sono* e da *nutrição geral*. Na mania, o sono está sempre muito enfraquecido no curso

I – A Loucura Maníaco-Depressiva ⁊ Definição   53

da excitação forte; às vezes, instala-se uma insônia quase absoluta, no máximo interrompida durante algumas horas, que pode durar semanas e mesmo meses. Mesmo nos estados de excitação leve, os doentes dormem tarde e levantam-se cedo; mas parecem dormir muito profundamente. Nos estados de depressão, a despeito da necessidade de dormir muito marcada, o sono mesmo está muito enfraquecido; os doentes ficam sem dormir durante horas, torturados por ideias penosas, para acordarem de manhã depois de sonhos confusos, angustiantes, a cabeça pesada, quebrados de cansaço e abatidos. Eles se levantam muito tarde, ficam deitados durante dias, semanas, embora não encontrem na cama repouso algum.

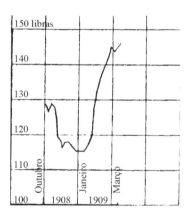

Figura 11 – Curva do peso durante um acesso maníaco

O *apetite* é muito aumentado nos maníacos, mas a alimentação é, contudo, irregular por causa de sua precipitação e de sua agitação. Nas formas leves, os doentes absorvem com frequência todo tipo de coisas indigestas e repugnantes; eles engolem os pedaços sem mastigá-los suficientemente, rejeitam a comida que se lhes oferece, sentem enjoos, a devolvem. Os doentes deprimidos têm comumente pouca inclinação para comer, eles só comem com repugnância e sob múltiplas exortações. Sua língua é esbranquiçada, eles têm prisão de ventre. Wilmanns e Dreyfus têm, com alguma razão, formulado a ideia de que a "dispepsia nervosa" era com frequência a expressão de estados muito leves de depressão. Alguns doentes se queixam em certos momentos ou de maneira contínua de ter uma fome devoradora que parece ser uma manifestação da ansiedade.

O *peso* baixa sempre de uma maneira muito marcada na mania aguda, enquanto aumenta na maior parte do tempo nos acessos de hipomania. A Figura 11 dá um exemplo da curva do peso durante um acesso de excitação maníaca grave tendo durado em torno de seis meses; quando a calma ressurge, o peso aumenta com uma rapidez espantosa, de cinco quilos em uma semana.

A Figura 12 mostra a evolução de um acesso que se estende por mais de dois anos. Vê-se que o mínimo era atingido ao fim de seis meses mais ou menos. Embora a excitação maníaca tenha durado ainda mais de um ano ficando também forte, o peso aumentava, contudo, com fracas oscilações, para parar somente durante as últimas semanas em que se observam alternâncias irregulares entre uma leve disposição maníaca e uma disposição depressiva do humor.

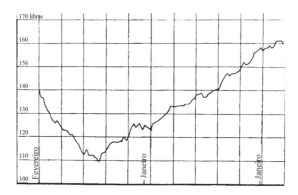

Figura 12 – Curva do peso em um acesso maníaco de longa duração

A curva da Figura 13 nos apresenta um aspecto completamente diferente. Ela provém de um maníaco que, curado após um tratamento de 10 meses na clínica, talvez um pouco deprimido, pôde ser liberado. Ele havia estado doente antes durante alguns meses. Percebemos aqui, antes da primeira ascensão brusca e considerável da curva, toda uma série de pequenas oscilações, no momento quase regulares, cujo máximo fica bem abaixo do ponto atingido ao fim da doença.

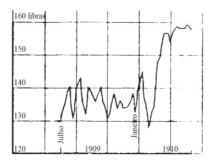

Figura 13 – Fortes oscilações do peso na mania

Em geral, essas oscilações eram acompanhadas por variações paralelas do estado psíquico, mas as alternâncias dos períodos de excitação e de calma parecem muito mais irregulares à observação clínica. Tem-se aqui de certa maneira a impressão de que o acesso inteiro é composto por pequenos acessos particulares, fato que não é, aliás, tão raro. Ele não pode nos causar muito espanto se refletimos que frequentemente acessos de matiz diferente são ligados por uma unidade que deu seu nome à loucura circular.

A figura seguinte, 14, nos apresenta, com algumas diferenças, um aspecto semelhante. Trata-se aí de uma excitação maníaca leve no início, depois se agravando rapidamente, seguida de um período de calma, depois do qual sobrevém uma leve depressão. A esse primeiro período da doença correspondem a primeira descida e a ascensão da curva.

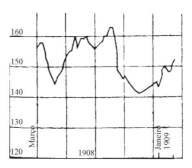

Figura 14 – Curva do peso em um acesso de mania seguido de um acesso de depressão

As pequenas descidas sempre seguidas de retorno à normal, que lhe sucedem, devem inspirar bem a dúvida sobre o término real do acesso e, de fato, elas foram seguidas de repente, ao mesmo tempo que por uma queda muito brusca do peso, pela aparição de um estado de depressão estuporosa grave, finalizada pela cura final. Vemos então que, também nos estados de depressão, o peso do corpo baixa comumente e isso mesmo nas formas mais leves, ao contrário do que se produz na mania. A Figura 15 dá um exemplo desse fato. Fazíamos alusão aqui a um estado de depressão simples, primeiramente leve, que ao fim de três a quatro meses mais ou menos melhorou lentamente, mas não completamente, visto que o peso volta. Depois bruscamente sobreveio uma depressão muito forte com ideias delirantes de caráter absurdo e distúrbios sensoriais que, ao fim de seis outros meses, terminou com a cura. A esse acesso que, no momento da saída, não parecia ainda terminado corresponde a segunda oscilação muito forte da curva.

I – A Loucura Maníaco-Depressiva & Definição   57

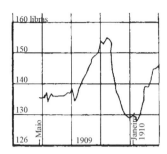

Figura 15 – Curva do peso na depressão

Nas formas vagarosas (que se prolongam durante vários anos) dos estados de depressão, eu vi em várias continuações uma forte ascensão do peso sem melhora importante do estado psíquico. A cura sobrevinha bem mais tarde, às vezes depois de uma nova queda do peso bastante considerável, sem que no entanto fosse evidente nenhum estado maníaco. Pode-se estudar esse fenômeno na Figura 16, na qual, a despeito do aumento marcado do peso, que se manteve de uma maneira durável no seu máximo, ele não se produziu cura. O doente estava durante esse tempo, do ponto de vista psíquico, em um estado bem pior que quando da saída ulterior, na qual ele havia emagrecido quatro quilos e meio.

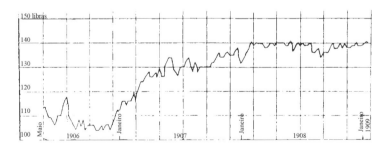

Figura 16 – Curva do peso em um acesso de depressão em marcha vagarosa

Ao mesmo tempo que o peso, o estado geral do doente sofre comumente mudanças profundas. No período da hipomania, a pele se torna firme e corada; os movimentos são elásticos e potentes; os cabelos, que eram ralos, crescem novamente e mesmo seu pigmento se renova. Nos estados de depressão, ao contrário, a pele é pálida, enrugada, descorada, seca, desprovida de flexibilidade, os olhos embaciados: o crescimento das unhas para e torna-se irregular como mostrou Falcida; as regras diminuem ou param; a secreção das lágrimas está diminuída; o homem por inteiro parece envelhecer antes da idade.

Todas essas mudanças indicam que, na loucura maníacodepressiva, distúrbios marcados das trocas devem se produzir. Infelizmente, os resultados das pesquisas empreendidas sobre essa questão são ainda até aqui pouco satisfatórios. Mendel encontrou na urina dos maníacos uma diminuição do teor de fósforo, enquanto Guérin e Aimé constataram a eliminação do cálcio e do magnésio; nos estados de depressão, ela deve estar diminuída. Em contrapartida, Seige não pôde estabelecer nenhuma diminuição nas trocas minerais. Ele observou na melancolia uma forte tendência à retenção do nitrogênio, que é em seguida bruscamente eliminado em massa. A eliminação endógena do ácido úrico nos doentes deprimidos é segundo ele normal, embora fraca; ela é, ao contrário, diminuída nos maníacos. Parece que se trata aqui de uma destruição anormalmente rápida das purinas e da formação de produtos secundários. Lange formulou a ideia de que a formação de um excesso de ácido úrico deve ser vista como a causa essencial dos estados de depressão. Raimann estabeleceu que se pode observar, nesses mesmos estados, glicosúria alimentar. Schultze e Knauer puderam também, nas diferentes formas da loucura maníaco-depressiva como em outras doenças mentais, constatar a glicosúria alimentar, verossimilmente como consequência da angústia; ela é sobretudo frequente na depressão (67%), mais rara nos estados mistos (53%) e na mania (19%). Às vezes, observa-se diabetes insípido. Nos doentes idosos, eu vi com frequência uma eliminação prolongada de açúcar. O poder redutor da urina foi encontrado por Pini aumentado em geral, sobretudo na mania, e em contrapartida diminuído nos estados de excitação prolongada.

Alberti estudou a toxicidade da urina e do soro sanguíneo sem chegar a resultados utilizáveis. Pilcz pôde estabelecer a presença frequente de elementos anormais na urina: acetona, ácido acetoacético, indicana, albumose, que se encontram ao longo de diferentes acessos do mesmo doente, mas não estão em uma relação determinada com o tom particular do humor. Taubert encontrou na mania a indicanúria geralmente um ou dois dias antes da aparição da excitação, enquanto Seige viu a indicana desaparecer quase completamente durante a excitação. Ele observou, em contrapartida, em um doente deprimido uma eliminação muito considerável de indicana, que começou dois dias antes da transformação da excitação maníaca anterior, e não era acompanhada de prisão de ventre. Townsend pôde detectar um aumento na eliminação de indoxil, muito marcado nos estados de depressão, que começa a desaparecer pouco antes da aparição da melhora psíquica. Verossimilmente, trata-se em todos esses casos das consequências dos distúrbios intestinais tão frequentes na loucura maníaco-depressiva. Hannard e Sergeant encontraram com frequência colemia nos estados de depressão.

Os exames de sangue feitos por Fischer em cinco maníacos não revelaram nenhuma modificação característica. O teor em hemoglobina e o número dos glóbulos vermelhos se encontram com frequência aumentados, e o número dos glóbulos brancos quase sempre, talvez em consequência da duração da excitação. Dumas indica uma diminuição dos glóbulos vermelhos no início da mania, um aumento no início da depressão, e uma inversão dessas modificações no curso ulterior dos acessos. O poder de resistência à hemólise das hemácias contra o soro de outros doentes ou de normais foi encontrado por Alberti diminuído na mania, oscilando nos estados de depressão. Parhon e Urechia constataram um aumento dos leucócitos mononucleares nos dois períodos da doença.

Em muitos casos, as modificações do sistema circulatório são particularmente notáveis. Com bastante frequência, encontram-se barulhos anormais no coração, uma expansão da opacidade, uma irritabilidade maior do coração, uma tendência às palpitações, às eritemas, aos suores profusos, ao dermografismo. Nos maníacos, o rosto é com frequência vermelho, as conjuntivas injetadas; eu vi em um caso, em seguida a gritos prolongados, as veias superficiais do pescoço fortemente dilatadas e tortuosas. Nos estados de depressão, o rosto é comumente pálido, acinzentado; com frequência os lábios são ligeiramente cianosados, as mãos e os pés frios, pálidos e lívidos. Com bastante frequência, observam-se sintomas basedowianos, aumento e amolecimento da glândula tireoide, aceleração do pulso, tremor, suores abundantes, às vezes também exoftalmia. Frequentemente, e em uma idade relativamente pouco avançada, vê-se instalar a arteriosclerose.

Sobre o estado do pulso e da pressão sanguínea, as opiniões são divididas. Sustenta-se, comumente, que o pulso é acelerado na mania e lento na melancolia. As pesquisas empreendidas na nossa clínica por Weber mostraram, ao contrário, nos estados de depressão, particularmente nos que são acompanhados de excitação, um aumento no número das pulsações. Encontram-se resultados análogos na excitação maníaca violenta, enquanto nos maníacos mais calmos a frequência dos batimentos cardíacos é muitas vezes normal e mesmo um pouco diminuída. Pilcz encontrou a pressão sanguínea diminuída na mania e elevada na melancolia, enquanto Falcioli a viu cair nos estados de depressão, exceto nos casos em que sobrevém a angústia, e em que então ela se eleva. Na mania, por causa da vasodilatação brusca e forte, observa-se a cada batimento do coração uma ascensão rápida da curva, um pico a ângulo agudo, uma descida brusca e uma onda secundária nitidamente marcada; nos doentes deprimidos, ao contrário, por causa da elevação da tensão, encontram-se pulsações baixas, lentas, com um pico pouco elevado e arredondado, e uma onda secundária mal perceptível. As pesquisas empreendidas por Weber com meios novos e mais aperfeiçoados estabelecem que há aumento da pressão sanguínea nos estados de depressão; ela atinge seu máximo na excitação depressiva. Em contrapartida, é encontrada muitas vezes aumentada também na mania, sobretudo na excitação forte e no estupor maníaco. O estado do pulso e da pressão sanguínea corresponde em geral bem exatamente às variações do estado psíquico. A Figura 17 dá uma ilustração desse fato: vê-se nela a curva do pulso e da pressão arterial, pesquisada pelo método de Recklinghausen, com as datas indicadas na base do quadro. As linhas transversais dão a média dos normais, e as variações do peso estão também indicadas. Será constatado que o pulso e a pressão arterial, depois de terem subido no início das oscilações, voltam pouco a pouco ao normal, ao mesmo tempo que a melhoria do estado geral se traduz por uma ascensão do peso.

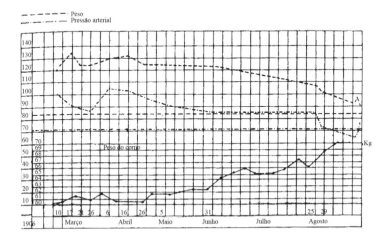

Figura 17 – Pulso, pressão arterial e curva do peso na excitação maníaca

A *respiração* é acelerada nos estados de excitação, moderada na depressão simples e no estupor; na ansiedade forte, observa-se às vezes uma respiração entrecortada. Vogt encontrou no pletismógrafo as oscilações respiratórias marcadas sobretudo nos maníacos. Mesmo na depressão forte, elas eram regulares. A temperatura está, em geral, completamente normal na excitação violenta; nos estados de depressão forte, ela é frequentemente baixa. As regras param muitas vezes durante certo tempo no início do acesso, sobretudo nas doentes deprimidas, para voltar no momento da cura, da qual elas são às vezes o primeiro sinal. Em alguns casos, observa-se durante as regras um agravamento dos sintomas.

"Distúrbios nervosos" de todos os tipos aparecem comumente nos doentes deprimidos. Com exceção dos males de cabeça assinalados anteriormente e das sensações de mal-estar em todo o corpo, os doentes se queixam de abatimento, sentimento de angústia, zumbidos no ouvido, batimentos na cabeça, arrepios na nuca, peso dos membros. Os *reflexos tendinosos* estão frequentemente aumentados. Weiler encontrou em geral uma ascensão mais rápida da curva dos reflexos, uma diminuição da duração e uma forte moderação da descida. Na depressão e nos estados de estupor, a altura da curva diminui; nos últimos, a duração está aumentada. Segundo as pesquisas de Weiler, as pupilas estão com frequência dilatadas, mas não apresentam modificação notável, com exceção disso.

Em alguns doentes, constatei uma sensibilidade especial à influência da temperatura; em particular, eles sentiam, com a aproximação da tempestade, durante um tempo bastante longo, um violento mal-estar. Muito importante é o fato de que, nos doentes, com muita frequência, podem-se observar esses distúrbios que se acostumou de designar pelo nome de *histéricos*. A esse grupo pertencem primeiramente os enfraquecimentos e os desmaios, as convulsões histéricas caracterizadas e também os movimentos coreiformes, o estremecimento psicogênico, os soluços, as crises de lágrimas, o sonambulismo, a abasia. Encontram-se também uma diminuição dos reflexos faríngeo e conjuntival, distúrbios das sensações de diferentes tipos, em particular da analgesia, e, enfim, clono da rótula e do pé. Alguns estados delirantes que evoluem rapidamente com distúrbios da consciência podem, como indicou Imboden, apresentar um tom histérico. Uma mulher tornada maníaca depois da morte de seu amante viajou durante alguns dias sem destino, para ir procurar seu defunto "Toni", e ela só conservava uma lembrança bastante confusa dessa viagem. Outra assegurava que havia sido surpreendida e violentada, mas não podia dizer exatamente se não havia sido um sonho. Apesar das informações incompletas dadas sobre esses sintomas em nosso material de doentes, nós os encontramos na proporção de 13 a 14% nos homens, por volta de 22% nas mulheres e de preferência nos doentes jovens. Em alguns casos mais raros, assinalam-se também ataques de epilepsia, alguns tendo sido observados por nós mesmos. Enfim, particularmente nos homens e em uma idade bastante avançada, sobrevêm por vezes distúrbios orgânicos, ataque de apoplexia com ou sem paralisia consecutiva e afasia, acesso de epilepsia cortical. Trata-se aqui, na maior parte do tempo, de uma associação com a arteriosclerose, com frequência também com a sífilis.

II

As Formas Clínicas*

---

* Esta parte foi publicada no número 4 da *Revue des Sciences Psychologiques*, de outubro-dezembro de 1913.

Generalidades[1]

A descrição das formas clínicas particulares, sob as quais a loucura maníaco-depressiva se apresenta comumente, deve partir da oposição evidente entre os *acessos maníacos* e os *acessos depressivos*. Vêm em seguida, como terceira forma, os *estados mistos*, compostos de elementos tomados emprestado desses tipos clínicos aparentemente opostos. Enfim, mostraremos as modificações pouco sensíveis, mais reais, contudo, que se encontram no intervalo dos acessos propriamente ditos e pelas quais se expressa o estado psicopático fundamental da loucura maníaco-depressiva. É preciso desde já insistir sobre esse ponto de que a distinção entre essas formas clínicas é, a esse respeito, artificial e arbitrária. A observação não nos mostra somente a aparição de transições insensíveis entre esses diferentes estados, ela revela também que, em um espaço de tempo muito curto, o mesmo doente pode experimentar

---

1 Os termos empregados por Kraepelin são: *Manische Zustände – Hypomanie, Tobsucht, Wahnbildende Formen, deliriöse Formen*; *Depressive Zustände – Melancholia simplex, Stupor, Melancholia gravis, paranoide Melancholie, phantastische Melancholie, deliriöse Melancholie*. *Tobsucht* corresponde exatamente à antiga expressão francesa *loucura furiosa* [*folie furieuse*]. Como esse termo não é mais usado na língua atual, preferimos a tradução: *mania aguda* [*manie aiguë*]. As formas da mania e da melancolia que Kraepelin qualifica de *deliriös* são as que se assemelham aos delírios infecciosos ou tóxicos (*Delirium*). Como seu sintoma principal é a confusão, nós as chamamos de formas confusas, reservando o nome de formas delirantes para as formas com ideias delirantes (*Wahnbildende Formen*). [Nota do tradutor francês]

sucessivamente as mudanças mais variadas. A classificação apresentada aqui só pode, então, ser considerada como um ensaio para pôr ordem e clareza, mas de uma maneira muito grosseira, na massa dos dados da experiência.

Estados maníacos

Hipomania

As formas mais leves da excitação maníaca são designadas pelo nome de "hipomania", *Mania mitis*, *Mitissima* e também, mas erradamente, de mania sem delírio. Os autores franceses falaram de uma "loucura raciocinante", loucura sem distúrbio do entendimento. De fato, nesses doentes, a apercepção, a memória parecem pouco perturbadas. A astúcia do espírito, a aptidão de dirigir sua atenção estão mesmo algumas vezes aumentadas. Os doentes podem parecer mais despertos, mais penetrantes, mais ativos que antes. Vê-se sobretudo neles uma habilidade de perceber semelhanças longínquas, que surpreende às vezes o interlocutor, porque ela torna o doente capaz de encontrar expressões agradáveis, ditos espirituosos, jogos de palavras, comparações e invenções de uma engenhosidade espantosa, mesmo quando, na reflexão aprofundada, elas não parecem muito adequadas. No entanto, observam-se também, mesmo nos graus mais leves, a falta de unidade interior do curso das representações, a incapacidade de seguir sem engano uma direção de pensamento determinada, de elaborar e de ordenar logicamente, na calma, ideias dadas, a instabilidade do interesse, os saltos bruscos e involuntários de uma ideia a outra. Provavelmente, os doentes sabem algumas vezes, por um esforço de vontade, dissimular temporariamente esses fenômenos, e conservar ainda algum tempo a mestria de um pensamento que tende a se tornar incoerente, mas, em seus escritos, sobretudo nessas poesias às quais eles se aplicam com tanto ardor, aparece comumente com bastante nitidez uma leve fuga das ideias.

Aliás, a excitação forte e a confusão podem se mostrar de uma maneira passageira mesmo nessas formas leves.

A lembrança dos acontecimentos recentes não é sempre fiel, ela é bem frequentemente completada e embelezada por detalhes acrescentados. Nessas narrativas, o doente se deixa levar a exageros e a modificações da realidade que se relacionam, de um lado, com sua apercepção errônea, e, de outro, com interpretações feitas rapidamente, sem que o sujeito tenha uma clara consciência da arbitrariedade dessas afirmações. Embora não haja nele, propriamente falando, ideias delirantes, encontramos, contudo, em geral, uma estima de si fortemente exagerada. O doente se gaba de suas relações distintas, de suas esperanças matrimoniais, toma-se por conde, por "doutor *honoris causa* em razão dos serviços prestados ao Estado", quer "ser nobre em tudo", fala das heranças que espera, se faz imprimir cartões de visita com uma coroa – uma dama assina suas cartas: Ateneia. Uma religiosa contava que no seu nascimento havia tido um milagre; ela possuía dons sobrenaturais, ia reformar sua ordem. Em termos eloquentes, o doente celebra seus atos e seus talentos: ele compreende tudo, zomba com um desprezo desdenhoso do que os outros fazem, pede atenções particulares para si mesmo. É um poeta distinto, um orador, um homem de espírito, um homem de negócios mais notáveis; "é um orgulhoso gaiteiro". Ele pode trabalhar como um negro, substituir bem professores ou diplomatas. Um doente, a quem se recordava que havia mendigado, declarava com soberba: "É o mendigo que é o verdadeiro rei."

Quanto a reconhecer o caráter patológico de seu estado, em geral não está em questão para o doente. Mesmo se sua atenção é chamada para os acessos anteriores que ele pode apreciar exatamente durante os períodos de tristeza, ele não se deixa em nenhum momento convencer da verdadeira natureza do seu estado. Bem ao contrário, ele se sente em melhor saúde, mais ativo que nunca, tem um ardor para o trabalho colossal, está "completamente em vias de", no máximo um pouco excitado pelos tratamentos indignos que o fazem sofrer. Ele considera toda limitação trazida à sua liberdade como uma brincadeira de mau gosto ou como uma ofensa imperdoável, que ele atribui às maquinações de seus próximos ou de seu inimigos, e daí sua ameaça de pedir reparação e vingança à lei. Não é ele que está atacado por uma doença mental, são os que não sabem apreciar sua superioridade, seus dons naturais e que procuram provocá-lo irritando-o e atormentando-o. Essa atitude faz pensar nas ilusões que os bêbados se fazem tão frequentemente sobre sua própria pessoa.

O *humor* do doente é alegre, sereno, influenciado pelo sentimento de que ele tem o aumento de sua potência. Ele tem um entusiasmo que nada pode abater, tem certeza de vencer, cheio de coragem, sente-se contente e feliz, às vezes imensamente feliz, acorda todas as manhãs com "um humor de ouro". Ele se vê cercado de caros amigos, de nobres corações, encontra uma satisfação plena no prazer da amizade, da arte, da simpatia; quer fazer a felicidade de todos os homens, suprimir a miséria, converter aqueles que o cercam. Com frequência, veem-se aparecer arrogância, turbulência, uma atitude muito agressiva. Às vezes, é uma tendência marcada ao humor, a tendência de tomar as coisas e os acontecimentos pelo lado divertido, a colocar apelidos, a se ridicularizar a si mesmo e os outros de uma maneira agradável. Um doente se declarava "louco por vocação, louco de pura raça"; outro chamava a clínica de "um estabelecimento destinado a arruinar o sistema nervoso"; um terceiro se dizia "poeta, condutor de animais, escritor, caldeireiro, professor primário, reformador do povo, anarquista de primeira classe e detetive". Em outros casos, constata-se às vezes uma grande irritabilidade: o doente está descontente, desprovido de indulgência, implicante, sobretudo em suas relações com os íntimos, quando se deixa levar; ele se torna pretensioso, argumentador, indiscreto, insolente e mesmo grosseiro quando encontra uma resistência aos seus desejos. Fatos insignificantes ocasionam uma explosão de cólera de uma violência inaudita. Em sua raiva, ele espanca sua mulher e seus filhos, ameaça quebrar tudo, acabar com tudo de uma vez por todas, colocar fogo na casa, injuria, servindo-se das expressões mais grosseiras, "essa cambada" que lhe serve de família. Isso se produz sobretudo quando ele está ao mesmo tempo sob a influência do álcool. O equilíbrio interior está completamente perdido: o doente se deixa levar pelas impressões e pelos sentimentos do momento que, logo que aparecem, dominam sua sensibilidade e sua vontade. Suas ações são marcadas pelo selo da impulsividade, da irreflexão e, em consequência de um leve distúrbio da inteligência, da imoralidade.

O mais impressionante de todos esses sintomas é o *aumento da atividade* do doente. Ele experimenta a necessidade de sair de casa, de estabelecer com todos os que o cercam relações estreitas, de representar um papel. Essa atividade, que não conhece o cansaço, dura dia e noite: o trabalho parece fácil, as ideias afluem ao espírito. O doente não suporta ficar na cama. Bem cedo, desde quatro horas, ele está de pé, coloca em ordem todos os aposentos da casa, despacha os negócios em atraso, realiza passeios, excursões matinais. Ele frequenta as sociedades, está em todas as partes de prazer, escreve a todo instante longas cartas; redige um diário de sua vida, faz música, literatura. Vê-se aparecer nele a tendência a rimar (mesmo nas cartas). Um pedreiro faz editar por sua conta versarias incoerentes; uma jovem, ao sair do asilo, redige em prosa ritmada um testamento humorístico e o manda imprimir. O doente é impelido, por sua necessidade de atividade, a mudar os móveis de lugar, a reatar contato com amigos distantes, a se ocupar de todos os tipos de coisas que antes o deixavam totalmente indiferente: política, língua universal, aviação, feminismo, assuntos políticos, reformas de todo tipo. Um médico anunciava conferências sobre "o pecado original, a gênese, a seleção natural e o voto". Outro doente passeava de carro e distribuía em seu caminho imagens de piedade. O doente estabelece numerosas relações, se põe de repente, sem necessidade, a pagar todas as suas dívidas, dá presentes magníficos, constrói todo tipo de castelos na Espanha e se lança com um entusiasmo frenético em audaciosos empreendimentos, que estão bem acima de suas forças. Manda imprimir 16 mil cartões-postais de sua cidadezinha, começa os trâmites para adotar um pequeno negro dos Camarões. Um doente ia de repente oferecer à polícia para lhe trazer um criminoso político que era procurado ativamente, e oferecia ao agente, de maneira engraçada, um uniforme de fantasia e, no meio de um novo jornal *La Haute Volée*, lançava convites a um baile em um mirante.

A potência de trabalho real sofre em geral uma perda muito considerável. O doente não tem mais perseverança; começa e não acaba, mostra negligência e desleixo na conduta de seus assuntos; não faz o que lhe pedem, negligencia seus deveres. Um doente passava todo seu tempo a fazer projetos de casamento, a ler jornais, a ir passear e a jogar malha. "Ele está sempre ocupado", dizia-se sobre outro, "mas, no fim das contas, termina menos tarefas que antes". Ao sabor do momento, empreende viagens cuja necessidade não se impõe, corre aqui e ali, vai passear, coloca seu relógio de pulso no penhor, pega dinheiro emprestado de todos os lados, faz compras e trocas sem saber por quê, às vezes sem ter uma moeda no bolso, porque cada objeto novo que ele encontra desperta seu desejo. Mesmo, nesse fervor doentio de querer tudo possuir, não hesita em roubar ou explorar o outro para satisfazer seus caprichos. Um doente reclamava com violência um aumento de salário e ameaçava disparar o alarme de incêndio para fazer conhecer ao pessoal sua situação. Uma doente não chegava a se encontrar em todas os seus empreendimentos; outra esvaziava os copos de seus vizinhos.

Na *conduta* do doente se manifestam primeiramente o sentimento que ele tem de sua personalidade, o desejo de se colocar em valor, e em segundo lugar sua agitação e sua instabilidade. Mudando seus hábitos de outrora, ele se veste agora na última moda, embora guardando um cuidado bastante negligente; ele usa "um chapéu à Bismarck", coloca uma flor na lapela, se perfuma. Uma doente se fazia pentear 11 vezes imediatamente na fila. Em todos os lugares em que se encontra, o doente toma a palavra, se mete na conversa, aproveita todas as ocasiões para avançar, entrega-se a prazeres ruidosos apesar de um luto recente, declama em público, se inscreve para grandes somas em todas as subscrições, procura atrair os olhares para si, causar sensação, ele comete extravagâncias. Uma doente declarava ser "um conglomerado de todas as paixões, sadismo, masoquismo, fetichismo, onanismo". Com frequência o doente provoca escândalos. Faz, no meio da noite, um concerto de trombone, passa a noite sobre um banco, vai passear na rua vestido de negro, o peito enfeitado de condecorações que ele mesmo fabricou, toma seu banho totalmente vestido, faz o exercício militar com uma vassoura, dá sua bênção aos que passam, vai sem motivo visitar o arcebispo. Uma doente simulava crises histéricas; outra organizava toda uma pequena comédia; ela era vista a dar ordens a seu pessoal, telefonando ao açougueiro para um pedido, discutindo com a moça do telefone, indignando-se pela negligência desta; uma terceira lia no jornal histórias inventadas e absurdas.

Em sociedade, o doente se conduz com muito desembaraço, se mostra indecente e imoral, faz brincadeiras ousadas na presença das mulheres, fala com certa altivez desdenhosa e, em sua exuberância alegre, dá provas de uma familiaridade inconveniente com respeito a pessoas que ele não conhece ou de personagens importantes. Ele se liga ao primeiro que aparece com uma amizade estreita, e logo já o está tratando com bastante intimidade. A filha de um camponês se punha a reprovar nos que a cercavam todos "os seus danos" e, entre outros, lembrava a suas companheiras seus filhos naturais. Em consequência de sua petulância e de sua excitabilidade, o doente tem muitas vezes contas a acertar com os que o cercam e as autoridades públicas; ele injuria os agentes, pode ao médico uma reparação pelas armas, comete trapaças, é obrigado a se explicar a seus chefes e se faz punir por eles. Um aluno, que havia tido uma querela com camponeses, provocava-os em duelo com pistola, lhes dava sua carta e dava um tiro no ar; ele ameaçava de morte seu diretor que lhe havia infligido uma punição. Certo número de doentes se engajam em apostas que eles sustentam diante das instâncias sucessivas com a paixão mais ardente; suas petições, intermináveis, orgulhosas, cheias de injúrias e de afirmações audaciosas, os fazem com frequência considerar como querelantes, até que a chegada do período de cama, ou mesmo de um acesso de depressão, os leva a bater em retirada e a se arrepender de seus atos.

Particularmente nefasta ao doente é a tendência que o leva à devassidão. Ele se põe a se embriagar, a jogar somas loucas, a dormir fora de casa, a percorrer os lugares ruins e as casas de tolerância, a fumar e a cheirar rapé sem controle, a comer comidas fortemente apimentadas. Quando acessos de excitação desse gênero retornam com frequência, embora ficando limitados a uma curta duração, pode-se ter um quadro clínico vizinho daquele da dipsomania.

A excitabilidade sexual é aumentada. Um pai de família bastante idoso, vivendo de forma muito retirada, vai beber champanhe com uma amazona de circo; outro tenta entrar no quarto da cozinheira e se desculpa invocando seu fogo de São João. As mulheres ostentam roupas excêntricas, penteados de artista, vão fazer uma patuscada, fazem discursos equivocados, percorrem os bailes, dançam, estabelecem relações com qualquer um, leem romances pornográficos. Uma jovem mudava suas roupas para se travestir e ir ao baile com um estranho; uma mãe de família tocava as partes sexuais de seu filho de 16 anos e levantava a coberta dos operários deitados na cama. Outra doente, quando se encontrava nesse estado, tentava se casar, e ela conseguiu por fim se unir por intermédio de uma agência a um joão-ninguém. Uma senhora casada, a cada acesso maníaco, concebia a paixão mais fervorosa por qualquer indivíduo homem de seu entorno, em último lugar por um home 30 anos mais jovem que ela e com uma situação muito inferior à sua sob todos os aspectos, e ela cumulava seu favorito, a despeito de todos os seus protestos, das expressões do amor mais ardente. Outra se punha a compor intermináveis peças de versos dirigidas a um professor primário. Uma empregada cansava um capitão com seus inúmeros bilhetes de amor; ela assinava "sua noiva" e tentava se impor a ele com toda a força. Vê-se, nesses estados, a contratação dos noivados mais inverossímeis, e também a ocorrência de gravidezes: em alguns casos que eu já observei, o início da excitação era anunciado pelo fato de que os doentes ficavam noivos de um dia para o outro. "Meus filhos têm um pai diferente cada um", dizia uma doente. Essa excitação genital traz naturalmente sérias dificuldades conjugais. Uma mulher declarava que queria enganar seu marido para poder se divorciar. Outras têm ideias de ciúme, afirmam que o marido tem muitas amantes e querem que seja internado.

De todos esses atos extravagantes ou absurdos, o doente sabe dar as razões mais sutis. Ele não se sente nunca embaraçado de explicar ou de desculpar sua conduta. Também, os esforços de seus próximos para fazê-lo ficar tranquilo não têm nenhum sucesso. Eles só o excitam mais e provocam facilmente nele violentas explosões de cólera. Uma vez no asilo, o doente pede comumente desde o primeiro dia para ser posto em liberdade; ele protesta com a última violência contra seu internamento arbitrário; declara verdadeiramente que o médico perdeu a cabeça, o trata de incapaz e reclama o exame de outras autoridades. Um de meus doentes conseguiu persuadir sua mulher de pedir, contra minha opinião, sua transferência para outro estabelecimento. Mas, durante o trajeto, contudo bastante curto, retomando a direção de seus negócios, abandonou sua mulher e se dirigiu a Berlim para se fazer examinar por um médico que adquiriu certo renome liberando a doentes mentais certificados de perfeita saúde.

A expressão dos sentimentos é comumente, nesses doentes, viva e apaixonada. Eles falam muito, em voz alta, com volubilidade, verbosidade e prolixidade. Falam com fluência e de improviso, empregando estilos rebuscados ou enfáticos, com um acento todo particular, empregando, quando se trata de si mesmos, a terceira pessoa, para melhor se valorizar. Os traços, os jogos de palavras, os palavrões, as citações, as expressões emprestadas de uma língua estrangeira abundam entre eles. A tudo isso se juntam de tempos em tempos injúrias grosseiras, pragas ou lágrimas. A escrita é grande, pretensiosa, com pontos de exclamação e pontos de interrogação, palavras sublinhadas e muita negligência na forma exterior. Muitos doentes compõem produções exaltadas ou humorísticas nas quais se encontram sua fuga de ideias e sua excitação. Eles expõem todas as suas historinhas de família, reclamam o reconhecimento de sua integridade mental e apelam à opinião pública para tomar sua defesa.

A despeito dos traços comuns a todos os doentes, o quadro clínico recobre aspectos muito variados. Quanto mais o processo patológico toca ligeiramente o indivíduo, mais o caráter próprio de cada um deve ser considerado na constituição dos sintomas mórbidos. É particularmente na modalidade e na forma dos movimentos sentimentais que se observam essas diferenças. Enquanto alguns doentes se mostram amáveis, caridosos, dóceis, sociáveis e só incomodam as pessoas em volta por sua incansável atividade, outros, irritáveis, despóticos, se lançando a atos inconsideráveis, se tornam no mais alto grau desagradáveis e insuportáveis. Essa mistura completamente especial de presença de espírito e de atividade desordenada, talvez também sua grande experiência da vida de asilo os coloquem justamente em condições de satisfazer seus apetites variados, de enganar os que estão em volta, de se assegurar vantagens de todo tipo, de se apropriar do bem do outro. Ao fim de pouco tempo, eles dominam os outros doentes, os exploram, dirigem ao médico relatórios sobre eles em termos técnicos e os reduzem quase à tutela.

Mania aguda

Das formas leves de mania que acabamos de descrever, transições insensíveis conduzem ao tipo clínico da *mania agu-*

da. Seu início é comumente quase súbito: quando muito a cefaleia, o abatimento, o desgosto pelo trabalho ou o aumento da atividade, a irritabilidade, a insônia precedem de alguns dias ou algumas semanas a explosão repentina do acesso, quando não é, como acontece frequentemente, um estado de depressão marcada que abre a cena. Em muito pouco tempo, os doentes se tornam agitados, incoerentes em seus discursos e se entregam a todo tipo de extravagâncias. Eles são vistos descendo em camisa para a rua, indo de anágua para a igreja, passando a noite nos campos, distribuindo sua fortuna, interrompendo o serviço religioso com seus gritos e seus cantos, ajoelhando-se em plena rua para rezar, dando tiros de pistola em uma sala de espera, pondo limonada ou sabão em seus alimentos, procurando entrar à força no palácio do príncipe, jogando diversos objetos pela janela. Uma doente, para se divertir, subiu um dia no carro de um príncipe; outra bateu na casa do farmacêutico no meio da noite declarando que acabara de ser envenenada; uma terceira se apresentava para a consulta do médico e entrava na igreja com roupas de noite. Um doente se apropriava no hotel do bem de outrem; outro se apresentava ao Palácio de Justiça para lá prender um assassino; outro declarava estar no rastro de um complô anarquista.

Por isso, ao fim de alguns dias, o internamento se impõe. No asilo, os doentes se mostram conscientes e quase orientados. Constata-se neles a instabilidade extraordinária da inteligência e do pensamento. Com bastante frequência, é quase impossível conversar com eles: comumente, eles compreendem as palavras pronunciadas com energia; eles lhes dão uma ou duas respostas satisfatórias, mas se deixam influenciar por todas as impressões novas, fazem digressões, confundem tudo e apresentam a um grau mais ou menos elevado o fenômeno da fuga de ideias que descrevemos anteriormente em detalhes.

Veem-se aparecer, frequentemente, ideias delirantes, fugazes, apresentadas no mais das vezes brincando. O doente afirma que é de família nobre, que vive de rendas, chama-se a si mesmo de gênio, o imperador Guilherme, o tsar, o Cristo; ele é capaz de colocar o diabo em fuga. Um doente exclama de repente em plena rua: "Eu sou Nosso Senhor! *Vade retro, Satanás!*" As mulheres têm 80 brilhantes verdadeiros, são cantora, violonista de primeiro escalão, rainha da Baviera, filha do regente, Joana d'Arc, fada. Elas têm esperança, vão ficar noivas de São Francisco, trazer ao mundo o Redentor, o Messias. São José veio deitar em sua cama; o papa e o rei a visitam; o Cristo ressuscita nelas. Uma doente declarava ser a filha de Jesus Cristo, com idade de três anos. Em muitos casos também, eles perdem a noção exata de sua situação e do lugar em que se encontram, fazem confusões de pessoas, com frequência por brincadeira. Às vezes aparecem, no estado isolado, alguns distúrbios sensoriais. Os doentes distinguem cavaleiros nas nuvens, santos, uma criança morta. Eles se entretêm com seu pai que perderam, com a Mãe de Deus, pretendem sentir influências vindas do exterior.

De tempos em tempos, os doentes contam todo tipo de aventuras extraordinárias: uma doente declarava que havia sido surpreendida e abusada, mas acrescentava que não podia jurar que não era um sonho. Alguns têm certo sentimento de seu estado patológico, e debocham eles mesmos de vez em quando das ideias delirantes que expõem. Põem-se também a expor projetos magníficos. Querem fazer descobertas, comprar casas, desposar a filha de um professor possuidora de um grande dote, entrar para a universidade. Eles têm o título de Doutor. Têm a esperança de em breve ter o peito constelado de condecorações. Querem curar os doentes pelo hipnotismo, arranjar-se para fazer entrar todo mundo no paraíso, reformar o Código Penal inspirando-se nos princípios de sua religião. Uma doente queria comprar uma bicicleta "decorada de lírios"; outras pediam brincos de diamante, roupas de luxo.

O humor é agradável, alegre, exuberante, às vezes exaltado, entusiasta, mas sempre muito variável. Ele muda por nada para a excitação e a cólera, ou então para as lamentações e as lágrimas. A carta a seguir, de um maníaco, mostra bem essas oscilações do humor:

> Quando penso na atitude tão pouco amável que tive com relação a você, quando de sua última visita, não sei como fazer para reparar. Eu lhe peço perdão do fundo do meu coração: enquanto estiver em meu poder, isso não se repetirá mais. Eu o vejo bem, deveria lhe responder e não o fiz. Deus! Que grosseria! /
>
> *Ah! Eu gostaria tanto de me abrir livremente,*
> *Mas desde muito tempo, eu o senti bem,*
> *Ninguém me compreende, e eu sou o único*
> *A saber verdadeiramente tudo que eu sofro.*
> *Toda a dor que trago em mim,*
> *Oh! Meu Deus! Diga-me qual é a causa!*
> *O senhor não sabe? Eu lha dei.*
>
> E estão aí tolas questões. Aquele que o Senhor ama, ele o castiga. Que sua vontade seja feita / E quando o Senhor castiga! E depois ele mata! Mas eu devo me deter –/ O céu é azul! O tempo está bom! Senhor Professor, eu bem gostaria de ir passear. Se isso não for bom para mim, me submeterei à sua vontade.

As barras verticais indicam o começo de uma nova página; foi suprimido em torno da metade do conteúdo da primeira página, que não tinha interesse. Vê-se como o acesso de remorso, que sucedeu um período de excitação violenta, levou por sua vez à segunda página, graças à interrupção exigida pela necessidade de virar a folha de papel, outra corrente de ideias depressivas: mas imediatamente a excitação maníaca se manifesta pela forma poética e pelas zombarias sobre si mesmo que se encontram ao fim. A partir desse ponto, a escrita se torna entrecortada, grande, pretensiosa, de tal sorte que as poucas palavras que se seguem com pontos de exclamação e de interrogação enchem toda a página. Depois imediatamente o pensamento desvia das ideias religiosas para o céu azul e o passeio. A conclusão indica mais calma e é escrita em caracteres menores.

No curso dos acessos mais leves podem sobrevir explosões de raiva de uma violência extraordinária, um verdadeiro transbordamento de injúrias e de urros agudos, ameaças de tiros de revólver ou de golpes de faca, das quais é preciso desconfiar, ataques furiosos contra as pessoas e as coisas. As mulheres estão muito mais sujeitas que os homens a essas explosões de cólera. O doente manifesta sua excitação genital com discursos inconvenientes, cumprimentando de perto as pessoas jovens, masturbando-se sem pudor, as mulheres também tratando o médico com intimidade, cobrindo-se de adornos, soltando os cabelos, alisando-os com a saliva, cuspindo frequentemente, proferindo injúrias obscenas e formulando acusações descorteses do ponto de vista dos costumes contra as vigilantes. Uma doente fazia sinal aos soldados pela janela.

A atitude dos doentes com relação àqueles que os cercam é em geral muito livre, pretensiosa, sem-cerimônia, ou bem solícita, inoportuna. Eles correm atrás do médico, falam em todos os lugares, mas se deixam distrair, influenciar pelas interpelações que lhes são feitas. Eles imitam os outros doentes, apresentam às vezes fenômenos de sugestibilidade (*Befehlsautomatie*), não reagem à injeção. Com bastante frequência também, mostram má vontade, são zombadores, inabordáveis, resistem às ordens, se escondem nos lençóis, fecham os olhos, colocam a mão no rosto fazendo caretas por trás dos dedos. Alguns não obedecem a nenhuma injunção, fazem voluntariamente tudo ao contrário. Uma doente, para desejar o bom-dia, mostrava seu indicador; outra dava o pé no lugar da mão. O quadro clínico é dominado pelo aumento crescente da excitação do querer que, pela impulsividade e maleabilidade, lembra de muito perto a da intoxicação alcoólica. Uma doente se comportava, nas palavras dos seus próximos, "como um homem bêbado".

O doente não pode ficar muito tempo sentado ou deitado. Ele salta da cama, corre aqui e ali, salta, dança, sobe nas mesas e nos bancos, desprende os quadros. Ele se precipita para a frente, despe-se, implica como os outros doentes, esconde-se, patinha no banho e faz jorrar a água, causa furor, bate na mesa, morde, debate-se, mia, faz estalar a língua. Em todos os casos, as volições do doente se traduzem por meios de expressão e atos que, embora com frequência executados com precipitação e inacabados, não conservam menos que algum caráter de natural. Mas a isso se acrescentam muitas vezes movimentos que só podem ser considerados como simples descargas da excitação psíquica. O doente inclina e endireita o busto, vira sobre si mesmo, abanas-se e bate-se com os braços, faz contorções, esfrega a cabeça, acocora-se e levanta-se bruscamente, fricciona-se, estremece todos os membros, bate em suas mãos e tamborila. Muitas vezes esses movimentos são pesados, desgraciosos, ou afetados, bizarros. Em casos bastante numerosos, eles são executados ritmicamente e mantidos durante algum tempo de uma maneira monótona. Escutam-se os doentes repetirem durante horas inteiras as mesmas expressões, rirem sozinhos. Às vezes, eles estão sujos, não se esforçam consigo mesmos, sujam-se com seus excrementos.

Alguns mostram uma tendência marcada à destruição: eles rasgam suas roupas, suas cobertas e utilizam os trapos atados e enrolados de mil maneiras para se confeccionarem adornos extraordinários. Todos os objetos que são deixados a seu alcance são feitos em pedaços, e as partes juntadas de maneira diferente, para formar uma nova composição, segundo a inspiração do momento. Seus botões são arrancados, seus bolsos, virados, o casaco, virado do avesso, as barras da calça viradas para cima, as abas da camisa, atadas juntas. Nos dedos, veem-se anéis confeccionados com pontas de fio e fragmentos de botões de camisa: o colarinho e o punho são de papel. Tudo o que cai na mão do doente – pedras, nacos de madeira, pedaços de vidro, pregos – lhe serve para cobrir as paredes, os móveis, as janelas de pinturas e de desenhos fabricados sem nenhum cuidado. Ele utiliza pontas de cigarro e folhas mortas envoltas de papel para fazer um cigarro, papéis amarrotados para escrever, um prego para encher seu cachimbo, um caco de garrafa para aparar seu lápis. Outros achados lhe servem de meio de troca para obter dos outros doentes pequenos benefícios. Às vezes também, ele introduz no nariz ou nas orelhas todo tipo de objeto, fura o lóbulo da orelha com palitos de fósforo ou um fio de ferro, cheira cinza ou poeira, chamusca uma parte da barba com seu cigarro.

Os movimentos de expressão são, comumente, de grande vivacidade: o doente faz caretas, vira os olhos, toma atitudes teatrais, se coloca como no porte de armas, saúda militarmente. Muitas vezes, ele profere, com uma rapidez extraordinária e com um tom de voz que muda perpetuamente, um verdadeiro fluxo de palavras, faz jogos de palavras, observações espirituosas, jura, insulta, faz escarcéu, declama, prega, fala consigo mesmo, e depois emite altos gritos. Ele muge, canta canções indecorosas, peças engraçadas, repetindo durante horas o mesmo refrão. Ele reza, imita os animais, faz ouvir um aleluia: no meio de tudo isso, grunhidos, assobios, uma tirolesa, gritos de alegria, um ataque de riso inextinguível. Às vezes os doentes, a despeito de uma agitação contudo muito viva, ficam lacônicos. Eles não dão nenhuma resposta ou dão respostas breves, evasivas, ou se limitam a um gesto expressivo para explodir, no instante seguinte, em um fluxo de palavras inesgotável. Encontram-se também, às vezes, respostas enviesadas, feitas por brincadeira, direita no lugar de esquerda, seis no lugar de cinco. Uma doente repetia sempre a questão que lhe era apresentada; outra pedia regularmente: "Como?"; uma terceira dizia "Não sei". Frequentemente, os discursos dos doentes se ligam às impressões exteriores, e são rimados. Uma doente apostrofava o médico: "Você é qualquer tipo de... ervas e rabanetes misturados juntos." Na excitação forte, os discursos se tornam complemente incoerentes, como mostra o extrato a seguir, tomado sob ditado:

> Sobre a tumba mais real de todas – 1, 2, 3 e sempre no pior dos barulhos – em uma omelete alemã – Elisa – pela graça e pela misericórdia de Deus, se podiam realmente fazer 17 pequenas tumbas de pensamento misteriosas – tirado da pequena tumba estendida a mais alta de todas – Senhor o Provisor não acredita isso – e sempre ainda para um Siegfried ou Senhor o assessor – Senhor o Professor em um grande – Era uma vez – Eu não posso para isso – 1, 2, 3 Franziska era – não

isso não podia mais ser de Senhor o Professor – a, b, c – em toda realidade – a primeira trombeta de Estado real.*

Não se reconhece mais aí nenhum pensamento inteligível. Palavras isoladas voltam diversamente associadas "a mais real – a mais alta – a primeira – real – realidade, sempre, sempre ainda, tumba, pequena tumba, pequena tumba de pensamento, 1, 2, 3. Professor, Provisor". Entre "pequena tumba de pensamento [*pensée*]" e "pequena tumba estendida [*allongée*]", entre "Provisor – Assessor – Professor" o laço é dado por associações por assonância, e entre "1, 2, 3" e "a, b, c", pela linguagem usual.

Alguns se mostram possuídos por uma verdadeira fúria de escrever, cobrem inúmeros cadernos com sua escrita poderosa, apressada, que corre em todos os sentidos. A Figura 18 dá um exemplo desse tecido de palavras entrelaçadas, escritas de diferentes formas e em todas as direções. Ela mostra bem a tendência que se manifesta às vezes nos escritos dos maníacos a enumerações sem fim, já que se encontram neles quase unicamente nomes geográficos. É muito importante observar aqui, ao contrário do que se observa nos escritos análogos de catatônicos, a ausência de repetições. Os doentes têm prazer também em compor poemas, letras, súplicas dirigidas a altas personalidades. Esses escritos são às vezes completamente incoerentes, como, por exemplo, este extrato de uma súplica:[2]

> *Rottach Waalberg (Rodel) Lorenz Tarok katzenjammer Gautsch Handelsrichter abgesägt 2 Grad (Celsius) 5000 Lire Krieg-*

---

* No original: *"Sur la tombe la plus réelle de toutes – 1, 2, 3 et toujours dans le pire des tapages – dans une omelette allemande – Elise – para la grâce et la miséricorde de Dieu, on pouvait réellement faire 17 petites tombes de pensée mystérieuses – tiré de la petite tombe allongée la plus haute de toutes – Monsieur le Proviseur ne croit pas cela – et toujours encore pour un Siegfried ou Monsieur l'assesseur – Monsieur le Professeur dans un grand – Il était une fois – Je ne peux pas pour cela – 1, 2, 3 Franziska c'était – non cela ne pouvait plus être de Monsieur le Professeur – a, b, c – dans toute réalité – la première trompette d'État réelle."* (N.T.)

2   Reproduzimos textualmente esse trecho intraduzível. [Nota do tradutor francês]

sentschädigung zu bezahlen von Guadagnini für übernahme (Reich Dein III) schwarz weisz 4/5 Bovril Annaberger Schlüssel gelb 10 Pf. gehiszt Chardonnerstag Westnerday unwohl Gallo Hohenzollern Kirche vikar Bari Sprung Biringer Meisterspringer zobel Max Arnulf 15. Febbrajo geboren bei Plinio neapel Appel Sänger I an Paralyse – Analyse – Stolze – Freytag Crispi bei Riva Cavour bei Roosevelt...

Quando muito são encontradas aqui algumas associações de ideias, a maior parte por assonância:

"*Rottach (bei Tegnernsee) – Waalberg (Wallberg) – Rodel*", "*Gautsch – Handelsrichter (– minister?) – abgesägt*", "*Chardonnerstag – Westnerday (Wednesday?)*", "*Bari – Biringer*", "*Sprung – Meisterspringer*", "*Neapel – Appel*", "*Paralyse – Analyse*", "*Stolze – Freytag (Stolze – Schrey)*", "*Crispi – Cavour – Roosevelt*", "*Plinio – Neapel*", "*Crispi – Riva – Cavour*"

Figura 18 – Rabiscos de maníaco

Mania delirante

As ideias delirantes e os distúrbios sensoriais que sobrevêm de uma maneira fugitiva e a título episódico nos tipos clínicos anteriormente descritos podem tomar, em certos casos, um desenvolvimento comparável ao que eles têm nos paranoides. O entorno parece mudar: o doente vê lhe aparecer Santo Agostinho, São José com seu cajado, o anjo Gabriel, os apóstolos, o imperador, espíritos, o Bom Deus, a Santa Virgem. As estátuas o saúdam com um sinal da cabeça: a lua cai do céu; as trombetas do Julgamento ecoam. Ele escuta a voz de Jesus, conversa com Deus e as almas infelizes. É chamado por Deus de meu querido filho. Há vozes em seus ouvidos; os estalidos do assoalho, as badaladas dos sinos se traduzem para ele em palavras. O doente estabelece relação telepática com sua noiva, uma jovem distinta. Sente passar através das paredes uma corrente elétrica. Sente-se hipnotizado. Ele se produz uma transmissão de pensamento. As ideias delirantes que sobrevêm nesse estado comportam com frequência um conteúdo religioso. O doente é um profeta, João II, está inspirado por Deus, não tem mais pecado, tem alguma coisa de sobre-humano. Ele lidera o combate para Jesus, tem uma missão divina a cumprir, é um espírito, traz em si a salvação do mundo, acredita subir ao céu, possui um poder misterioso sobre as doenças do espírito. Ele prega em nome de Deus, vai anunciar ao mundo grandes coisas, dá ordens em nome da vontade divina. As mulheres se dizem rainha do céu e da terra, a Imaculada Conceição, espíritos femininos, a mãe do filho das charnecas, têm um filho de Deus, vão para o céu juntar-se ao noivo: Jesus Cristo lhes restituiu sua inocência. O diabo desapareceu, a doente tomou para ela todos os sofrimentos do mundo, a Terra é agora uma terra maravilhosa.

Outros doentes são de origem real. São príncipes, imperador da Alemanha ou da Áustria, Altezas Reais, destinados a uma situação elevada. Eles possuem milhões, devem desposar uma princesa, uma viúva muito rica. Já morreram mil vezes e ressuscitaram, podem executar encantamentos, ajudar o outro por meio de suas preces, tornar-se invisíveis. Um doente tinha o "sentimento de que podia receber dinheiro de qualquer um"; outro se apresentava como o mais hábil dos detetives privados; um terceiro se denominava "médico sanitarista de todas as ciências e da cura natural"; um quarto pensava ser o homem mais célebre de toda a Europa; um quinto declarava que havia encontrado uma mulher de 1,93 m e que devia por isso receber 40 mil marcos. As mulheres se gabam de ser aliadas da família real, de ser quatro vezes rainha, de ser sonâmbulas, de ter uma bela voz, de poder oferecer a seu marido a coroa imperial. Uma doente explicava que ela era a Bela Adormecida, que havia se picado com um fuso e que esperava agora o Príncipe Encantado. Com frequência, as doentes contam todo tipo de viagens e de aventuras, acontecimentos secretos: elas encontraram os autores de um atentado, foram recebidas na capital com grandes demonstrações e honras. Muitas se queixam de ser perseguidas: elas receberam de 130 a 150 socos, tomaram tiros, foram açoitadas.

Às vezes as ideias delirantes lembram completamente as dos paralíticos gerais. Os doentes possuem milhões, xícaras de diamantes, recebem uma coroa de ouro, criaram montanhas, construíram cidades inteiras. Um doente escrevia que ele ofereceria à sua noiva uma vida como nenhuma princesa no mundo tinha. "Em Munique, eu construí para mim o castelo Miramare, em Feldafing, o castelo projetado outrora pelo rei Maximiliano, eu faço de Munique a mais bela cidade do mundo, eu fiz os planos de mais ou menos 300 edifícios magníficos, os mais belos do mundo. Construí estradas de ferro, e devo dessa forma ganhar milhões."

Todas essas ideias delirantes são apresentadas ora com um acento teatral, ora de uma maneira jocosa. Elas parecem, por vezes, fugitivas e mutáveis, mas, em geral, são mantidas e defendidas durante bastante tempo, embora com uma convicção que varia segundo os momentos. Com bastante frequência, elas reaparecem idênticas nos acessos ulteriores. Há comumente distúrbios marcados da consciência nos doentes. A apercepção é incompleta; a compreensão dos acontecimentos, lacunar; a apreciação do tempo, defeituosa. Há também confusões de pessoas. O julgamento que o sujeito tem sobre seu estado é falseado pelas ilusões sensoriais e pelas ideias delirantes. O humor é alegre, entusiasta; um doente chorava "lágrimas de alegria". De forma passageira, observam-se arrogância, uma atitude altiva, injúrias de todo tipo, ou por vezes uma crise de soluços pungentes. A excitação não está na maior parte do tempo acentuada. Os doentes têm uma conduta quase normal. Eles manifestam, contudo, certa agitação, são ruidosos, cantam, compõem versos, pregam e fazem escândalo. Querem comprar casas, distribuem seu dinheiro entre "as crianças inconsoláveis", esvaziam seu porta-moedas em uma caixa de esmolas, param na via da estrada de ferro para proferir um sermão, dão à multidão sua bênção. Um doente declarava a guerra à França; outros fazem experiências para curar os outros doentes, praticam neles encantamentos com grandes gestos solenes.

Mania confusa

Em um número restrito de casos, porém mais numerosos, contudo, que os precedentes, o acesso maníaco recobre um aspecto comparável àquele dos delírios infecciosos, com distúrbios profundos da consciência, estados análogos ao sonho, ilusões sensoriais, ideias delirantes confusas. O acesso começa em geral muito bruscamente. No máximo podem-se notar, um ou dois dias, raramente várias semanas antes, insônia, agitação ou mal-estares com angústias. Muito rapidamente sobrevêm distúrbios da consciência. O doente fica completamente confuso, desvairado, fica completamente desorientado no tempo e no espaço. Tudo lhe parece ter mudado: ele se acredita no céu, no palácio de Herodes, na "Clínica do filho de Jesus Cristo". Toma as pessoas à sua volta por outras; seus vizinhos de leito são parentes próximos; o médico é uma Alteza Real; um padre, o diabo negro. Uma doente, que no curso de seus acessos repetidos e todos semelhantes se acreditava cercada por personagens históricos – Luís XIV, César, Elisabete –, chamava isso de seu "delírio histórico".

Ao mesmo tempo se produzem numerosas alucinações e ilusões: é um incêndio; pássaros voam no ar em torno da cama; eis anjos que aparecem; espíritos jogam serpentes no rosto dos doentes; sombras passam na parede. Ele vê o céu aberto, cheio de camelos e de elefantes, o rei, seu anjo da guarda, o Santo Espírito; o diabo se apresenta sob a figura da Mãe de Deus. Eis agora sons de sinos, tiros de fuzil, o estrondo de uma cascata, barulhos confusos: Lúcifer fala; a voz de Deus anuncia o Julgamento Final, a remissão de todos os pecados. O doente tem diálogos com personagens invisíveis, recebe revelações; seus pensamentos lhe retornam pronunciados por uma voz diferente. O café tem um odor de cadáver, as mãos estão decompostas; um odor de queimado se espalha pela sala; os alimentos têm gosto de bode ou de carne humana; a água tem gosto sulfuroso. O doente sente a cabeça dar voltas, queimar de febre; ele se acredita erguido do chão, sente-se cair em um precipício; nada com o rei no oceano; tudo desaba em torno dele. A tudo isso se misturam ideias delirantes mal sistematizadas, análogas às do sonho. Uma terrível desgraça acaba de acontecer; o doente sente o diabo em seu peito; lutou com ele e se gaba de sua força; vai ser envenenado, decapitado; está perdido, danado; caiu em podridão, está completamente sozinho no mundo. Tudo está aniquilado: Deus se matou; seus pais estão todos mortos. Ele tirou a sorte grande, foi proclamado imperador; é ele o herói que a Terra espera, que deve salvar o mundo; ele deve ir ao céu com seus filhos. O império milenar vai nascer: o rei Luís vai ressuscitar; o grande combate com o Anticristo começou.

Durante essas crises, o humor é muito variável; ora se tem angústia, desespero (pensamentos de mortes), lágrimas, terror, pavor, ora uma alegria serena, erotismo ou êxtases, ora agitação ou indiferença e apatia. No início, os doentes apresentam o aspecto da mania aguda, dançam pelo quarto, executam movimentos bizarros, sacodem a cabeça, rejeitam a esmo os lençóis e os cobertores, quebram tudo, não se esforçam consigo mesmos, sujam-se, entregam-se de repente a uma tentativa de suicídio, despem-se. Uma doente havia sido detida completamente nua em um jardim público; outra saía meio vestida no vestíbulo e dali na rua, segurando em uma mão um revólver e na outra um crucifixo.

Os doentes não preocupam muito com os que os cercam; não escutam o que lhes dizem, não respondem às perguntas, não obedecem às ordens, resistem e batem. Seus discursos se compõem de sons inarticulados, preces, injúrias, súplicas, palavras balbuciadas e incoerentes, em que se podem encontrar as associações por assonância, as rimas, a influência das circunstâncias exteriores sobre a atenção, a repetição dos mesmos estilos de frases. Outros apresentam somente uma agitação leve, murmuram entre seus dentes palavras sem sequência, olham com um ar espantado e sem compreender o interlocutor, obedecem às ordens simples, dão respostas sensatas, riem, choram, aproximam-se de você, depois de repente se põem a entoar uma canção e a emitir gritos. Uma doente exclamava de repente: "Eu sou a Justiça, não me toquem; eu sou onisciente; para trás!" Frequentemente observam-se flexibilidade cerosa, ecolalia ou ecopraxia.

Em geral, o estado do doente está sujeito a frequentes variações. Ele se torna, por momentos, quase calmo, embora sua consciência esteja ainda perturbada. Mas, na maior parte do tempo, ele fica confuso e incoerente. Queixa-se, aliás, de não poder reunir suas ideias, de não ter todo seu bom-senso, de ver confusamente, de ter ideias demais na cabeça. Muitas vezes observam-se alternâncias de excitação e de estupor. O desaparecimento dos fenômenos patológicos é em alguns casos súbita, mas, bem mais frequentemente, ela é gradual. Reiteradamente veem-se subsistir ilusões, alguns restos de ideias delirantes e sobretudo oscilações do humor durante algum tempo ainda, depois que a excitação e a confusão desapareceram. Os doentes permanecem desconfiados, descontentes, irritáveis, compreendendo mal, apresentando também uma leve fuga de ideias, sobretudo em seus escritos, tagarelas ou inabordáveis, depois pouco a pouco os últimos vestígios do estado patológico desaparecem por sua vez. A lembrança do acesso de confusão é em geral muito vaga; em muitos casos, observa-se até mesmo uma amnésia quase completa.

Evolução

A *evolução* do acesso maníaco é muito diferente segundo os casos. Ele começa quase sempre por um período de tristeza ou de ansiedade, seja sob a forma de depressão bem caracterizada durante meses ou mesmo anos, seja sob o aspecto de um simples período premonitório de alguns dias ou algumas semanas. O início brusco é muito mais raro e somente é observado quando os acessos se repetem muito reiteradamente. Um doente foi atingido por mania aguda, no cemitério, durante o enterro de sua filha, enquanto não se tinha antes observado nele nenhuma mudança.

Os fenômenos patológicos atingem muito rapidamente seu máximo, às vezes no espaço de alguns dias. O retorno ao estado normal pode acontecer também rapidamente, mas isso somente se produz na mania confusa, sendo muito mais raro na mania aguda e muito raro na hipomania. Comumente, a excitação maníaca se mantém durante certo tempo no mesmo grau, embora apresentando inúmeras oscilações. Com muita frequência sobrevém, a título episódico, um curto período de tristeza ou de estupor, e esse fenômeno nos prepara já para compreender os estados mistos dos quais falaremos adiante.

Depois de um longo período agitado, a calma terminal se instala progressivamente, ao mesmo tempo que o estado geral melhora cada vez mais nitidamente. O doente se dá conta de forma exata do que o circunda, torna-se abordável, mais atento, embora a fuga de ideias apareça ainda facilmente nele. Veem-se também, enquanto os grandes sintomas já passaram ao segundo plano, subsistir ainda durante um tempo excitabilidade sentimental, um sentimento excessivo de sua personalidade, certa instabilidade. Violentos acessos de cólera, repentinos e completamente inesperados, podem explodir pelas causas mais fúteis, quando a calma completa retornou há muito tempo, em particular depois dos acessos prolongados da forma lenta. Muitas vezes vê-se a excitação maníaca se reavivar uma última vez, quando o doente se encontra colocado em condições desfavoráveis ou quando se põe a beber.

Duração

A *duração* da excitação maníaca está também sujeita a grandes variações. Enquanto por vezes certos acessos acabam em algumas semanas ou mesmo em alguns dias, o maior número se estende por períodos de vários meses. Os acessos de dois ou três anos são ainda frequentes; alguns podem durar um tempo muito mais considerável, até 10 anos e mesmo mais. São sobretudo as formas com ideias delirantes e com excitação moderada, que comportam somente de tempos em tempos alguns ataques mais fortes, que parecem apresentar uma evolução prolongada. Nos estados hipomaníacos, é preciso também, muitas vezes, contar com uma longa duração da doença. Em alguns casos, como relatei anteriormente, a curva do peso e os outros sintomas davam a impressão de que se tratava de uma série de acessos, sucedendo-se um ao outro sem intervalo.

Quando a excitação maníaca desapareceu, aparece com frequência um estado mais ou menos manifesto de fraqueza geral e de desencorajamento, que se considera em geral como uma consequência da exaustão causada por uma longa doença. É claro, contudo, que se trata aí somente de um retorno do estado de depressão. Os doentes se cansam rapidamente, são incapazes de qualquer esforço físico ou intelectual, ficam lacônicos, entorpecidos, irresolutos, fazem-se censuras sobre os atos que cometeram durante seu acesso, inquietam-se vivamente com seu futuro. Em seguida, esses distúrbios desaparecem pouco a pouco, ao mesmo tempo que o peso aumenta de modo considerável.

Estados depressivos

Melancolia simples

As formas mais leves do estado de depressão são caracterizadas pelo aparecimento de uma *inibição psíquica simples, sem distúrbios sensoriais e sem ideias delirantes*. O doente experimenta dificuldade de pensar e expressa esse distúrbio de todas as formas. Não pode mais se recolher, unir suas ideias: estas estão como que paralisadas, não avançam mais. Ele tem a cabeça pesada, sente-se burro, como se tivesse recebido um golpe de bastão, tudo se mistura para ele. Não pode mais compreender nada, seguir o fio de uma conversa, o caminhar de um raciocínio em um livro. Sente-se cansado, abatido, desatento, vazio. Não tem mais memória, não é mais mestre dos conhecimentos que lhe eram outrora familiares, é obrigado a refletir muito tempo nas questões mais simples, comete erros de cálculo, se contradiz, não encontra mais suas palavras, não sabe mais fazer suas frases corretamente. A par disso, queixa-se de ser obrigado a refletir demais; novas ideias lhe vêm sem parar ao espírito, tem coisas demais na cabeça, não pode encontrar nenhum descanso, está todo confuso.

Em muitos casos, os doentes nos descrevem essa mudança profunda na vida interior, que é chamada de "despersonalização". Suas representações não têm mais a viva cor da sensação normal. As impressões que lhes dá o mundo exterior trazem o caráter de estranheza, como se elas viessem de um país longínquo; não despertam mais ideias em sua consciência. Parece a eles que seu próprio corpo não lhes pertence mais; os traços de seu rosto lhes parecem completamente mudados no espelho; sua voz tem uma sonoridade metálica. O pensamento e a ação são executados sem que o doente deles participe; ele se aparece para si mesmo, como um autômato. Heilbronner observou que Goethe, em *Werther*, havia descrito distúrbios desse gênero, quando diz:

> Oh, é como se essa natureza magnífica fosse para mim tão pouco viva como uma imagem colorida, e todos os seus atra-

tivos não poderiam levar de meu coração ao meu cérebro uma gota de felicidade. Eu estou como que diante da caixa de um apresentador de curiosidades; eu olho desfilar os pequenos homens e os pequenos cavalos e me pergunto muitas vezes se não é uma ilusão de ótica. Eu represento também meu papel e com bastante frequência me fazem atuar como uma marionete; às vezes, seguro a mão de madeira de meu vizinho e recuo estremecendo.

O *humor* do doente é dominado ora por um abatimento profundo, um sombrio desencorajamento, ora por uma agitação ansiosa mal definida. Ele tem como que um peso sobre o coração: nada desperta mais seu interesse de uma maneira durável; nada não lhe dá mais prazer. Ele não tem mais alegria, não tem mais sentimentos religiosos, está descontente consigo mesmo, só tem indiferença por seus próximos e pelo que ele prezava mais no mundo outrora. Sombrios pensamentos lhe advêm: seu passado e seu futuro lhe aparecem igualmente tristes. Ele sente que não vale mais nada, nem no físico, nem no moral; ele não é mais bom para nada, considera-se "como um assassino". Sua vida está perdida, ele não se interessa mais por sua profissão, quer trocá-la, deveria dirigir sua vida de outro modo, melhor prevenir-se. "Tenho sempre dado conselhos e isso não deu certo", dizia um doente. Ele se sente isolado, oprimido por uma desgraça sem nome, "deserdado da sorte"; ele duvida de Deus, arrasta-se penosamente dia após dia com uma resignação surda, que não lhe deixa nem consolação, nem esperança. Tudo o desagrada, tudo o irrita, sociedade, música, viagens, trabalho profissional. Em todas as coisas, ele só vê os lados negros e as dificuldades; os homens que o cercam não são tão bons e tão desinteressados como ele havia pensado, ele caminha de desilusão em desencantamento. A vida lhe parece doravante sem objetivo: ele se sente um ser supérfluo sobre a Terra, não pode mais ter aí o seu lugar. Sem que ele saiba por quê, lhe vem a ideia de se destruir. Ele tem o sentimento de que alguma coisa está quebrada em si mesmo, teme ter se tornado louco, paralítico; o fim se aproxima. Para outros, parece que alguma coisa de horrível acaba de acontecer. Há um peso sobre seu peito; tudo treme neles: eles não têm mais nada de bom a esperar; vai lhes acontecer alguma coisa. Às vezes aparecem nesses estados *ideias obsedantes* de todo tipo, agorafobia, fobia da sujidade, temor de se ter enterrado uma espinha sob a pele e de morrer de uma infecção de sangue; ideias obscenas ou "impuras"; ideia de ter jogado pessoas na água, de ter roubado pão, dinheiro, de ter alterado os limites de sua propriedade, de ter cometido todos os crimes dos quais se fala nos jornais. Um doente estava atormentado pela convicção de ter matado vários homens pelo pensamento, de ter causado a morte do rei Luís. Uma doente que, em um acesso precedente, havia imaginado ser uma imperatriz, e possuir uma corte de cães e gatos, se esforçava durante meses para expulsar essa palavra obsedante de imperatriz batendo seus dentes na mão de uma maneira rítmica. Outra era cruelmente afligida pela obsessão de ligar a pensamentos piedosos (o do Crucifixo) imagens obscenas. Uma terceira escrevia o seguinte bilhete:

> É bem real que me tornei suja: por negligência e por falta de jeito, não chego a tempo aos banheiros, e eu sujei minha camisa, minha cama, minhas roupas; e quando eu me visto de novo, como colocaram minha anágua sobre uma camisola, eu sujo minha cabeça, meus cabelos etc.

Ela temia ainda deixar cair uma gota de seu nariz sobre o livro que estava lendo, recusava muitas vezes objetos que afirmava estarem sujos, não queria se sentar em uma cadeira, nem dar a mão, para não se sujar. Declarava que tudo isso eram "embaraços" para se tornar interessante. Encontra-se também, algumas vezes, a fobia das facas, juntamente à ideia de matar alguém com elas. Uma doente se deitava para não cometer ato desse gênero. Outra de minhas doentes era levada a roubar objetos de todo tipo, sem valor para ela e dos quais ela não se servia. Ela declarava que era a única maneira de se aliviar: era um desejo violento, muito parecido com a sede. Ela ficava inquieta quando não podia satisfazê-lo. Nesse caso, Gross, com a ajuda da "psicanálise", descobriu que a cleptomania, a impulsão para fazer alguma coisa de proibido, "para tomar às escondidas alguma coisa na mão", tinha o sentido de uma transformação (*Umwandlung*) de apetites sexuais não satisfeitos por uma amante impotente. A isso se juntava a influência das questões colocadas no confessionário por um padre que lhe havia perguntado se nas relações sexuais ela havia ela própria introduzido o membro viril. É preciso considerar esses temores obsedantes e essas impulsões como a expressão de um parentesco, em favor do qual se podem dar outras provas, entre a loucura maníaca depressiva e a loucura dos degenerados.

Particularmente surpreendente é a *diminuição* considerável *da faculdade de agir*. O doente fica "sem coragem e sem vontade", como a roda de um carro que se deixa movimentar, ele é congelado e petrificado interiormente. Ele não pode mais se animar, nem se decidir a nada, nem trabalhar, ele faz tudo de través. É preciso que ele se force; ele não sabe por onde começar. Um doente declarava que não sabia o que queria, que passava de uma coisa a outra. A ação mais significante lhe exige um esforço espantoso. Mesmo as ocupações cotidianas, a direção de seu interior, o levantar, a toalete, o vestir-se só são executados com a maior dificuldade, e ao fim de certo tempo não o são mais. O trabalho, as visitas, as cartas importantes que devem ser escritas, os negócios, tudo isso parece ao doente uma montanha e fica em suspenso, porque ele não tem a força para superar as inibições que se opõem à ação. Se ele vai passear, para na porta ou na primeira esquina de rua, indeciso quanto à direção a tomar, receando os encontros, as conversas, tornado selvagem, e finalmente ele fica em casa, porque não pode mais ver ninguém, nem enfrentar a multidão.

Tudo o que é novo o contraria e lhe parece insuportável. Um de meus doentes abandonava uma situação que ele havia vivamente desejado antes, depois se assustava com a ideia de ser transferido para uma nova residência, e importunava seus chefes com pedidos contraditórios, porque seu novo lugar logo lhe parecia muito pior que o antigo. Finalmente, o doente renuncia a toda atividade; ele fica assim, as mãos sobre os joelhos, ruminando seus pensamentos. Seus traços são animados por algum jogo de fisionomia: as raras palavras que pronuncia saem lentamente, com voz baixa, monótonas e lacônicas, e não se obtém dele, ou somente depois de ter insistido muito tempo, que ele escreva um simples bom-dia em um cartão-postal. Às vezes, os doentes querem ficar deitados: prometem a cada manhã levantar-se "no dia seguinte", mas sempre têm algum pretexto para ficar na cama. Esses distúrbios da vontade tornam relativamente raras as tentativas sérias de suicídio, embora a vontade de morrer seja frequente. É somente quando a inibição desapareceu e que a força de agir reaparece que as tentativas de suicídio tornam-se frequentes e perigosas. Um doente muito levemente deprimido se enforcou alguns dias antes do momento em que ia ser liberado, enquanto parecia voltar a ser completamente alegre.

Embora a apercepção e o pensamento tenham se tornado mais difíceis, a presença de espírito[3] e a orientação estão conservadas. Na maior parte do tempo, observa-se um *sentimento* muito vivo *do estado patológico*, às vezes mesmo o doente faz disso uma ideia precisa, ele lamenta ter cometido inconveniências no período precedente e inquieta-se de ser exposto agitado no futuro novamente . Alguns, contudo, não se consideram doentes, mas desprovidos de vontade. Eles poderiam bem fazer um esforço, mas não querem. Eles fingem, segundo eles. Em muitos casos, o retorno do estado de mal-estar está relacionado

---

3 *Besonnenheit*. Bleuler, que emprega o termo depois de Kraepelin, se declara incapaz de definir seu sentido de uma maneira precisa. Não teremos a pretensão de ser mais bem-sucedidos em fazê-lo que o sábio autor da esquizofrenia. Nós nos limitamos a lembrar aqui que os filósofos empregam esse termo para tornar grega a palavra grega σωφροσυνη e tomamos emprestado de Trénel a tradução: presença de espírito. [Nota do tradutor francês]

a circunstâncias exteriores sem importância, a aborrecimentos, a mudanças de situação etc. Para o observador desinteressado, é claro, contudo, que nesses casos o efeito produzido por esses acontecimentos só foi atingido graças aos distúrbios já preexistentes do estado sentimental. Eis uma carta que dará uma boa ideia do estado de espírito nesse tipo de doença:

> Louise, eis a pura verdade! Tudo isso é desperdício. Não posso entrar em casa, não posso ficar aqui: internem-me em uma cela e me deem somente pão e leite. Não estou doente. Eles não querem acreditar em mim. Eu sou, para mim mesma, um objeto de desgosto e de repugnância. Não quero mais ficar muito tempo a cargo de pessoas honestas. Não posso mais escrever a meus filhos, pois não posso lhes dizer que eles se tornaram indiferentes para mim. Sou um monstro, e estou atormentada por fúrias. Quanto mais eu passo tempo aqui, mais me torno louca. Você vê meu rosto, Louise, meu rosto que não tem mais alma. Você é membro da humanidade; tenha por mim um pensamento de humanidade e de misericórdia. Deem-me justamente com o que esconder minha nudez: todo o resto é para mim um suplício. Minha vida inteira é um suplício terrível: é preciso me internar em uma casa de correção, me forçar ao trabalho. Aqui, não consigo trabalhar, porque estou cheia de ansiedade ao pensar em meu estado. Nenhum tratamento tem sucesso comigo, porque estou consumida pela ansiedade. Aqui, eu deveria me recuperar, submetida a uma vigilância tão estrita, mas a vida está extinta em mim. – Como eu poderia viver entre estranhos, enquanto não posso me ocupar de meus próprios assuntos? Minhas botas estão furadas e não sou capaz de procurar novas; o dinheiro não me serve para nada. Minha vida é desesperadamente triste, e ela só é suportável quando posso me queixar de meus males. Espero encontrar uma ajuda. Você vai me desprezar por causa de seu amor de outrora. Louise, paro aqui esta narrativa de minha aflição.

Vê-se bem aqui o abatimento profundo, o sentimento de desgosto consigo mesma, a perda da sensibilidade, a impotência para tomar uma decisão, as ideias de autoacusação, o desdém pela vida, e enfim um clarão de esperança na ajuda que podem lhe levar.

Estupor

A inibição psíquica atingida no seu mais alto grau pode engendrar o estado de *estupor*. Os doentes ficam completamente entorpecidos, não podem mais perceber e elaborar as impressões exteriores, não compreendem mais as questões que lhe são apresentadas, não têm nenhuma ideia de sua situação. Uma doente à qual se pedia para passar de sua cama para a cama vizinha não entendia e declarava: "É complicado demais para mim." Às vezes se pode explicar que a inibição do pensamento é menos forte que o distúrbio da vontade. Um doente podia dar uma solução de cálculos complicados ao mesmo tempo que a de uma simples adição, tempo naturalmente bastante prolongado para as duas operações. Em alguns casos, as palavras raras e desconexas que o doente pronuncia fazem alusão a ideias delirantes confusas. Eles estão longe do mundo, têm o cérebro fendido, estão vendidos; faz-se algazarra debaixo deles. Na maior parte do tempo, não há neles nenhuma paixão. Sua fisionomia espantada expressa a incompreensão em face das percepções exteriores, ou ainda, quando se se aproxima deles, um sentimento de ansiedade e de desconfiança.

Os atos voluntários tornam-se extremamente raros. Em geral, os doentes ficam na cama sem nada dizer, não formulam nenhuma resposta às perguntas feitas, viram-se assustados quando se se aproxima deles, e contudo não reagem à injeção. Eles apresentam, às vezes, catalepsia e perda dos movimentos voluntários, e às vezes também oposição[4] ilógica aos movimentos comunicados. Eles ficam sentados, completamente desamparados, diante das refeições que lhes são servidas e que eles vão, contudo, devorar se lhes são dadas com a colher. Guardam

---

4   Não se deve confundir a oposição (*Widerstreben*) das melancolias ansiosas com o negativismo (*Negativismus*) dos dementes precoces catatônicos. Os dois sintomas se assemelham sem dúvida exteriormente, mas o primeiro tem por origem sentimentos ou representações e o segundo não está baseado, ao contrário, em nenhum motivo. [Nota do tradutor francês]

o objeto que é colocado em sua mão, reviram-no longamente entre os dedos sem saber como fazer para se desembaraçar dele. São, então, complemente incapazes de prover-se de suas necessidades materiais, e com frequência ficam sujos. De tempos em tempos, aparece um acesso de agitação. O doente sai da cama, manifesta-se com injúrias confusas, canta uma ária popular. As Figuras 19 e 20 dão uma boa ideia da fisionomia preocupada e devastada desses doentes. Quando a consciência reaparece depois do acesso, o que acontece bastante rapidamente na maior parte dos casos, as lembranças são muito confusas e completamente perdidas para alguns períodos.

 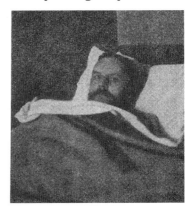

Figuras 19 e 20 – Estupor

Melancolia grave

O quadro da depressão simples que corresponde aproximadamente ao que se chamava antigamente de *melancholia simplex* pode se enriquecer em consequência da aparição, que é muito frequente, de *distúrbios sensoriais* e de *ideias delirantes*. Poder-se-ia talvez falar aqui de uma *melancholia gravis*. Os doentes percebem rostos, espíritos, os cadáveres de seus próximos: faz-se passar diante de seus olhos "todo tipo de coisas diabólicas". Da parede caem espantalhos de cor sombria: uma mancha de tinta na parede se transforma em uma goela aberta, que devora a cabeça dos filhos deles. Tudo parece negro. Eles escutam injúrias ("mandrião", "canalha", "mentiroso", "é sua culpa, é sua culpa"), vozes que os incitam ao suicídio. Sentem areia, flor que sofre na boca, correntes elétricas na muralha: um doente que se acusava de ter pecado com uma vaca sentia uma cauda de vaca arrastando em seu rosto. As ideias de autoacusação têm aqui o papel mais importante. O doente é desde sua juventude um indivíduo sujo, um monstro, cheio de maldade, levou uma vida abominável, deixou seu trabalho ser feito por outros, não consagrou todas as suas forças ao trabalho, fez um falso juramento quando da posse de seu emprego, enganou a caixa da enfermaria; ofendeu todo mundo, deu falso testemunho, explorou seus clientes em seu comércio, transgrediu o sexto mandamento. Ele não pode mais trabalhar, não tem mais sentimento, mais lágrimas, é grosseiro, falta-lhe alguma coisa no coração. Com frequência, essas acusações incidem sobre acontecimentos insignificantes, algumas vezes muito longínquos no tempo. O doente fez uma má comunhão quando criança, desobedeceu à sua mãe, mentiu, enquanto não tinha ainda 12 anos. Ele pegou uma *bock* sem pagar e foi condenado por esse fato a 10 anos de prisão. Um doente de 59 anos se acusava de ter violentado quando criança "maçãs e nozes", de ter se divertido "com a natureza de uma vaca". Sua consciência desperta; "provavelmente, ele teria se tornado melhor se ela tivesse se despertado mais cedo", respondia ele, quando se lhe fazia observar que ele não havia jamais refletido antes nesses supostos erros. Outros acolheram mal uma vez um mendigo, desnataram o leite. Alugando um apartamento, começando a construir, fazendo uma compra irrefletida, uma tentativa de suicídio eles mergulharam sua família na miséria. Eles não deveriam ter entrado para o asilo; isso teria sido de outra forma. As mulheres se acusam de ter colocado água demais no leite dos filhos que perderam, não educaram bem seus filhos pequenos, deixaram-nos negligenciar os deveres religiosos, fizeram um aborto, não mostraram paciência o bastante durante o parto, deixaram sua casa em desordem: elas não arrumam nada, são preguiçosas. Uma doente se recusava a ficar na cama sob esse pretexto. Quando se lhe dizia que era essa era uma ideia de doente, outra respondia: "É minha consciência que fala; quando eu já ia à escola, isso me aconteceu uma vez." Tratava-se evidentemente de um acesso anterior de depressão.

A religião oferece um campo eminentemente favorável a essas ideias de autoacusação. O doente é um grande pecador, não é mais capaz de rezar, esqueceu os dez mandamentos, perdeu a fé, a bênção de Deus, a felicidade eterna, pecou contra o Espírito Santo, trafica coisas santas, não ofereceu velas o bastante. É apóstata, dedicado a Satã, forçado de fazer expiação. O espírito de Deus o abandonou: ele sente que não lhe é mais permitido entrar em uma igreja. Ele vai para o inferno, não tem mais do que duas horas de vida; depois o diabo vai vir procurá-lo; é preciso que ele entre na eternidade carregado de todos os seus pecados, para resgatar pobres almas. Ter-se-á um relance do estado de espírito desses doentes lendo este extrato de uma carta escrita por uma camponesa à sua irmã:

> Eu lhe informo que recebi suas provisões: agradeço-lhe muito, mas não merecia isso. Você fez vir para meu filho o dia da morte, pois não sou digna de meu dia de nascimento; é preciso que eu chore sobre mim até a morte; não posso mais viver e não mais morrer, pois cometi tantos erros que arrasto meu marido e meus filhos para o inferno. Estamos todos perdidos: não nos veremos mais, vou para a prisão e minhas duas jovens filhas também, se elas não morrerem, pois saíram de meu seio. Por que não continuei moça? Eu arrasto em minha desgraça todos os meus filhos, meus cinco filhos. Não cortei meu pescoço bastante profundamente; só há uma confissão, uma comunhão indigna. Sou uma mulher perdida, e isso não aconteceu na minha vida. Sou a causa da morte de meu marido e de muitos outros. Deus deixou acontecer um incêndio em nosso vilarejo por minha causa: eu faço entrar para o asilo um grande número de pessoas. Meu bom e bravo Jean era tão piedoso e é obrigado a morrer. Ele recebeu 19 marcos domingo, e com 19 anos sua vida deve acabar. Minhas

duas jovens filhas estão lá, sem pai, sem mãe, sem irmão, e ninguém as tomará por causa de sua miserável mãe. Deus me fez compreender tudo: eu poderia escrever a você todo um caderno cheio de revelações, você não viu de que tipo de sinal se tratava. Eu compreendi: não temos mais necessidade de nada, estamos perdidos.

É preciso notar aqui, a par das ideias de autoacusação muito nítidas, a convicção delirante de que o marido da doente está morto, de que seu filho deve se tirar a vida, a tendência a ver "sinais" e "revelações" enviadas por Deus (19 marcos e 19 anos), o remorso expresso do fracasso de uma tentativa de suicídio, enfim, a observação de que é somente agora que a doente se dá conta de seus numerosos pecados.

Todos esses atos novos que o doente executa lhe fornecem a ocasião de se fazer censuras intermináveis. Ele constata que comete sem parar novos erros, donde vem que diga tantas tolices. Ele pronuncia palavras que não quer dizer, ofende todo mundo: "Tudo o que faço é de través; tenho de retomar todas as palavras que eu disse", declarava um doente. Ele dá tanta pena, é a causa da queixa dos outros, de sua ida embora. "Posso bem ser culpado de tudo o que se passa", dizia uma doente. Foi ele que fez os outros doentes serem internados, é preciso que ele tome conta de tudo, ele é responsável pelos atos deles, queixa-se de que não está em condições de procurar o que comer para os outros, de substituir o vigilante em chefe, de pagar para todo mundo. Um interno se expressava da seguinte maneira sobre os erros que havia cometido contra os senhores doutores:

> O doente F... está com frequência em cólera contra si mesmo, do que com a visita dos senhores doutores ele não cumprimenta, isto é, não agradece com bastante amabilidade do que ele diz muitas vezes: "Tenho honra", expressão que pode ser interpretada em um sentido ruim. Existem expressões usuais que são preferíveis, como "Bom-dia", fórmulas de agradecimento: "Eu lhe agradeço por sua visita", de que ele esquece muitas vezes. O doente está também descontente com sua atitude, com sua atitude física e com sua conservação. Com mui-

ta frequência ele não toma, na presença desses senhores tão respeitáveis, a posição que é necessária. No momento, acabo de cometer uma nova grosseria: deixei de me levantar de meu lugar no momento em que o médico-chefe avançava em minha direção. No lavabo, esqueci de mostrar a um rapaz a bacia cheia. Provavelmente, ele teria podido me solicitar. Mas aqueles que se encontram lá terão certamente censurado minha conduta, e não a do rapaz. Um dia eu esqueci de trazer água para um senhor doente enquanto ele pedia. Provavelmente, ele não se dirigia a mim em pessoa: ele somente chamava pela sala; havia outras pessoas muito mais perto dele, mas seria meu dever satisfazer imediatamente seu desejo.

Estreitamente ligadas ao delírio de autoacusação estão as ideias de perseguição. O doente espera ser humilhado e ridicularizado por toda parte; ele é desonrado, não quer mais se mostrar em lugar nenhum. Ele é observado, fala-se ao ouvido diante dele, tosse-se levemente, cospe-se sobre sua passagem; fica-se chocado com sua presença, ela é considerada ofensiva, não se pode mais tolerá-lo: ele é recebido por todo lado com quatro pedras na mão. Em sociedade, tudo o se diz se refere a ele; fala-se com meias palavras de histórias de mulheres; dizem que ele é um cafetão, que deveria se enforcar, porque não tem caráter. Ele vê sinais por todo lado. A doente da qual citei uma carta um pouco mais atrás acreditava que seus cabelos emaranhados significavam que seu marido tinha se enforcado. Para ela, os xales das outras doentes queriam dizer que seus filhos estavam doentes em casa. Outro doente, como se citava diante dele o provérbio "Não existe pior água do que a água que dorme",[*] concluía que ele devia se jogar na água. Ele reclama das explicações: ele não sabia participar a esse ponto. "O que será feito de mim?", pergunta ele com ansiedade.

---

[*] No original: "*Il n'est pire eau que l'eau qui dort*". Como se sabe, não existe "tradução" de provérbios, no sentido literal do termo, mas correspondência. O correspondente em português de Portugal a esse provérbio em francês seria "Guarda-te de homem que não fala e de cão que não ladra". No entanto, para ser coerente com a explicação da frase, optamos por manter a tradução literal. [N.T.]

Fala-se com ele como se ele não tivesse nunca cometido uma única boa ação em toda a sua vida; ele se volta desesperado contra essas pretensas acusações e defende sua inocência. Eu não fiz nada de mal, jamais roubei, jamais traí, gemem os doentes. Eles têm medo de que desconfiem, a propósito da morte de um parente, de que eles o tenham envenenado (então encontraram veneno?), medo de serem acusados de um crime de lesa-majestade, de um atentado premeditado. O doente é ameaçado por perigos de todos os lados. As criadas leem suas cartas; entraram estranhos em sua casa; um automóvel suspeito ronca embaixo. Zomba-se dele, querem bater nele, expulsá-lo de seu lugar injuriando-o, fazê-lo comparecer ao tribunal, colocá-lo no pelourinho, deportá-lo, retirar suas condecorações, jogá-lo no fogo ou na água. A multidão já está reunida; o ato de acusação está redigido; o cadafalso está erguido; ele vai ser obrigado a ir pelos caminhos, nu, miserável, abandonado por todos, rejeitado pela sociedade dos homens, perdido de corpo e de alma. Seus próximos serão eles também torturados, vão sofrer: "Eles ainda estão em casa, tenho esperança?" Sua família está presa, sua mulher se afogou; seus pais foram mortos; sua filha erra completamente nua sob a neve. Tudo vai mal; ele está arruinado; tem somente trapos; sua roupa de cama foi trocada por outra, seus móveis, colocados na casa de penhores; o dinheiro que ele tem não é suficiente, são peças falsas; tudo custa tão caro; todo mundo vai morrer de fome. Uma mulher acreditava que seu marido não a queria mais: ele ia matá-la a pancadas. Outras dão ao marido sua liberdade, lhe propõem o divórcio.

    Muitas vezes também, talvez em consequência dos distúrbios da cenestesia descritos anteriormente, o doente se considera como estando gravemente em perigo do ponto de vista físico. Ele é incurável, está semimorto, não é mais um homem verdadeiro, tem uma afecção do pulmão, tênia, um câncer no pescoço, ele não pode mais engolir, seu corpo não retém o alimento, tem fezes claras e frequentes. Os traços de seu rosto estão mudados; não há mais sangue em seu cérebro; ele não vê mais claramente, vai ficar louco, passar sua vida no asilo, morrer, já está morto. A masturbação o tornou impotente, ele tem um cancro de nascença, um envenenamento do sangue incurável, ele contagia todo mundo: não se deve tocá-lo. Uma mulher não fazia mais cozinhar seu pão em casa por um motivo desse tipo. As pessoas de seu entorno se tornam doentes, todas amarelas por causa das emanações repugnantes que ele exala; elas já têm o espírito turvo e o desgosto pela vida. As mulheres apresentam ideias de gravidez e alucinações genitais. A Figura 21 representa uma doente desse tipo, com os traços contraídos pela preocupação.

Figura 21 – Depressão

Melancolia paranoide

Quando se manifestam as ideias de perseguição e as alucinações da escuta, com conservação da presença do espírito, obtém-se às vezes um quadro clínico que lembra muito o do delírio alcoólico, enquanto mesmo o álcool não tem nenhum papel em sua produção (*melancolia paranoide*). Os doentes se sentem observados, seguidos por espiões, ameaçados por assassinos mascarados, veem um punhal na mão de seu vizinho. Escutam em plena rua, na mesa vizinha à sua, no albergue, reflexões que fazem a seu respeito. No quarto vizinho acontece a sessão do tribunal: tramam-se intrigas contra eles, fazem experiências sobre eles; eles são ameaçados com palavras misteriosas e gestos suspeitos; fazem eles próprios confusões de pessoas de um caráter delirante. Um de meus doentes procurava escapar a seus perseguidores partindo em viagem, mas apercebia-se no trem eles o acompanhavam; o mesmo acontecia no meio da caçada, porque as vozes ameaçavam atirar nele com o fuzil logo que ele se desviasse para a direita ou a esquerda.

Nas formas que acabamos de descrever, a consciência não está em geral turvada, a presença de espírito e a orientação estão conservadas. Os doentes percebem corretamente os discursos e os atos de seu entorno, com o risco de interpretá-los muitas vezes em um sentido delirante. Eles acreditam, por exemplo, não estar em um verdadeiro asilo, com verdadeiros médicos, mas se encontrar em uma casa de correção. Tomam seus vizinhos de cama por parentes ou amigos, chamam os médicos "Senhor Procurador". As cartas estão falsificadas, os discursos em torno deles têm um sentido oculto. O caminhar do pensamento é, neles, ordenado e coerente, embora muito uniforme: eles voltam sempre ao mesmo círculo de representações e, a cada tentativa feita para sair disso, caem de novo na mesma rotina. Todas as formas de atividade mental tornam-se mais difíceis de exercer. Os doentes são distraídos, esquecidos, se cansam rapidamente, avançam lentamente ou não avançam de forma alguma e, com isso, são de uma exatidão meticulosa quando se trata de detalhes. Com frequência se observa certa consciência do estado patológico. A cabeça está obscurecida. O doente fala de suas quimeras: "Tenho uma espécie de doença da sensibilidade"; "Faltam-me o entendimento, a razão e os cinco sentidos". Não se trata, no entanto, aqui de uma compreensão exata da doença. Mesmo lhes lembrando os acessos anteriores completamente semelhantes e corretamente avaliados, não se tem nenhuma ação sobre o doente. Outra vez, era tudo diferente: agora, é muito mais grave; agora, toda possibilidade de salvação se dissipou.

O *humor* é sombrio, desencorajado, desesperado. A visita e a conversação dos pais exercem comumente certa influência sobre ele. Às vezes, observa-se nessa ocasião uma viva emoção. Em contrapartida, as notícias desagradáveis não impressionam muito. Mesmo os acontecimentos que se passam na vizinhança do doente o tocam pouco. "O barulho não me incomoda, o que me incomoda é a agitação que está em mim", dizia uma doente, quando lhe era proposto de mudar de divisão por causa da agitação dos outros doentes. É precisamente dessa viva emoção interior que se queixam muitas vezes os doentes, cujo aspecto exterior é muito tranquilo: ela pode se manifestar exteriormente de tempos em tempos por violentas explosões de ansiedade. Em alguns casos, ela toma a forma de uma nostalgia incoercível que leva o doente a insistir sem parar para voltar para casa e o torna surdo a todas as argumentações. Se se cede a seu desejo, provoca-se em geral uma piora rápida do estado sentimental. Muitos doentes, em consequência de suas ideias delirantes, parecem confusos e indiferentes e, em certos momentos também, bem dispostos e mesmo alegres.

A *atividade* é dominada, de um lado, pela inibição da vontade e, de outro, pela influência das ideias delirantes e do humor. Os doentes se sentem cansados, desejosos de repouso, não podem mais se ocupar de si mesmos, se negligenciam, não gastam mais dinheiro, não se alimentam mais, usam roupas em estado ruim, se recusam a constar da folha de pagamentos, declarando que não fizeram nenhum trabalho. Eles se fecham em casa, vão para a cama e ficam ali, inertes, a fisionomia preocupada, em uma atitude incômoda, às vezes com os olhos fechados, ou bem se sentam com um ar medroso na beira da cama, porque não ousam se deitar. Observam-se com bastante frequência fenômenos de sugestibilidade (*Befehlsautomatie*). Em outros doentes, o que domina é a agitação ansiosa. Eles fogem de camisa, ficam durante dias nos bosques, pedem perdão, imploram piedade, se ajoelham, rezam, rasgam suas roupas, emaranham seus cabelos, esfregam as mãos uma contra a outra, soltam gritos inarticulados. Seus discursos são em geral muito monótonos; fica-se com muita pena de tirar deles alguma coisa. Eles não comentam nada de seu próprio movimento, caem bem rapidamente em seu mutismo e, contudo, mostram em seus escritos uma grande facilidade e uma grande flexibilidade no manejo das ideias. A voz é baixa, monótona, hesitante e mesmo gaguejante; a escrita apresenta muitas vezes traços informes, rabiscos e, de tempos em tempos também, negligências e repetições de letras.

Do ponto de vista prático, é de uma importância capital assinalar a *tendência ao suicídio* que se encontra aqui com extrema frequência. Ela persiste às vezes durante todo o curso da doença, sem desembocar em uma tentativa séria, por causa da irresolução dos sujeitos. O doente compra um revólver, que leva consigo para todo lado, que leva até mesmo ao asilo. Ele queria morrer, pede que lhe cortem a cabeça; desaparece nos bosques para se enforcar em uma árvore; arranha o punho com um canivete ou bate a cabeça contra a beirada da mesa. Uma de minhas doentes comprava grãos de trigo envenenados com estricnina e massa fosforada, mas por sorte só absorvia os primeiros, porque o fósforo "fazia mal demais". Outra subia na balaustrada da janela do segundo andar para se jogar na rua, mas parava e entrava no quarto, porque um agente de polícia que passava por ali por acaso a havia ameaçado com um sinal da mão.

Contudo, o perigo é muito sério em todos os casos desse tipo, pois a inibição da vontade pode, em dado momento, desaparecer de repente ou ser superada por um violento movimento do sentimento. Muitas vezes a impulsão ao suicídio tem origem súbita, sem que o doente possa se dar conta das razões que o fazem agir. Uma de minhas doentes estava ocupada com os trabalhos de seu casa quando subitamente lhe veio a ideia de se enforcar; ela executou imediatamente seu projeto e só foi salva com dificuldade. Quando foi interrogada mais tarde, não podia dar nenhuma explicação por seu ato e só se lembrava mesmo de maneira confusa de tudo o que havia acontecido. Às vezes a tentativa de suicídio é, depois de alguns pródromos vagos, o primeiro sinal que anuncia nitidamente a doença. Em certos casos, os doentes são capazes de dissimular seus projetos sob uma aparência de contentamento, a fim de preparar seus planos antes para executá-los no momento favorável. Os meios que eles utilizam são múltiplos. Eles podem, enganando a vigilância dos que os cercam, se afogar na sua banheira, se enforcar no puxador da porta, em uma saliência da parede, nos banheiros, ou mesmo se estrangular na cama sob os cobertores, com um guardanapo ou um pedaço de tecido. Podem engolir agulhas, pregos, às vezes mesmo uma colher inteira, ingerir medicamentos de todo tipo, colocar de lado comprimidos hipnóticos para tomá-los em seguida de uma vez, se jogar do alto da escada, quebrar a cabeça com a ajuda de um objeto pesado. Uma doente havia imaginado de colocar pedaços de papel para impedir o fechamento completo de um postigo que não estava aferrolhado e, em um momento em que não estava sendo vigiada, se jogar por ele do segundo andar. Outra, no momento de sair, estando sozinha alguns minutos na lavanderia, encontrou em um armário que haviam esquecido de fechar uma garrafa de álcool etílico e fósforos: ela se molhou com o álcool e colocou fogo. Algumas vezes, vem aos doentes a ideia de sumir, juntamente consigo mesmos, com sua família, que estaria mais feliz morta do que viva: então, eles tentam estrangular sua mulher, cortar o pescoço de seus filhos, levá-los a afogar-se com eles, para que não sejam mais infelizes, para que não caiam nas mãos de uma madrasta.

Melancolia fantástica

Outro grupo de casos, bastante importante, é caracterizado pelo desenvolvimento das ideias delirantes; podemos talvez chamá-lo de *melancolia fantástica*. Os distúrbios sensoriais são aqui muito numerosos. O doente vê espíritos ruins, a morte, cabeças de animais, fumaça no quarto, homens negros sobre os telhados, monstros pululantes, leõezinhos, uma cabeça sombria com dentes afiados, anjos, santos, parentes mortos, a Santíssima Trindade no céu, uma cabeça suspensa no ar. É sobretudo à noite que se passam essas histórias extraordinárias. Uma amiga defunta vem se sentar sobre o travesseiro e conta histórias; o doente acredita estar embarcado; o Bom Deus está em pé perto da cama em vias de escrever; o diabo está à espreita atrás da cama; Satã e a Santa Virgem surgem do chão. Deus se faz escutar pela voz do trovão; o diabo fala na igreja; alguma coisa se mexe na muralha. O doente escuta choros e gemidos de seus pais, que são martirizados; os pássaros assobiam seu nome, gritam que ele vai ser preso. "É um beato, um socialô", "um vagabundo", "levem-no, levem-no", "vejam-me, este canalha", "aí está ela, seu sangue não voltará mais", "agora nós o apanhamos", "você não tem mais nada", "você vai para o inferno". Uma mulher está de pé na porta e dá indicações aos perseguidores; fala-se no estômago de um doente: "Você não tem mais muito tempo para esperar, nós vamos prendê-lo; você irá para o purgatório quando os sinos tocarem." O doente está eletrizado por meio do telefone, atravessado à noite por raios X, puxado pelos cabelos: há alguém em sua cama; sua comida cheira a água de sabão, a merda, a morte, a podre.

A par desses distúrbios sensoriais propriamente ditos, encontram-se também muitas vezes interpretações delirantes de fatos reais. O doente escuta assassinos que se aproximam: alguém roda em torno da cama; sob a cama há um homem com um fuzil carregado; escuta-se a crepitação de uma máquina elétrica. Personagens cobertos com um chapéu cinza ou com óculos escuros o seguem na rua: na casa em frente, lhe fazem cumprimentos; os automóveis fazem um barulho todo especial; no quarto vizinho, facas são amoladas; ao telefone, fala-se dele. As peças de teatro, o romance-folhetim do jornal se ocupam de seus assuntos; sobre um cartão-postal, há injúrias dirigidas a ele. Uma doente encontra seu chapéu ridicularizado em um jornal de moda. Fala-se muito, dizia outra, e ela acreditava que se tratava dela. As palavras pronunciadas pelos que os rodeiam têm um sentido oculto. Uma doente assegurava que os médicos falavam uma "língua universal", na qual os pensamentos eram expressos em uma forma totalmente diferente da forma comum e incompreensível para ela. De todos os acontecimentos, os doentes tiram as conclusões mais inesperadas. Corvos que voam no céu significam que suas filhas são cortadas em pedaços na adega. O filho usava uma gravata negra quando de sua última visita; assim, seu irmãozinho está morto. Tudo é "tão fatal"; é comédia, fantasmagoria; "tudo é manipulado, tudo é falso", dizia uma doente. A comida que lhes servem é a carne e o sangue de seus pais, a vela é um círio funerário, a cama é uma cama encantada, o carro que se escuta passar na rua é um carro fúnebre. O mundo é completamente outro, a cidade não é a cidade verdadeira, o século é completamente outro século. Os relógios soam errado; as cartas são cartas de estranhos, as cartas de letras de câmbio são falsas; a caderneta da Caixa Econômica não tem mais valor. As árvores, os rochedos não parecem naturais, são como artificiais, como fabricados especialmente para o doente; mesmo o sol, a lua, o tempo não são mais como antes. Uma de minhas doentes considerava o sol como um globo elétrico artificial e ela se queixava da fraqueza de seus olhos, que não lhe permitiam perceber o verdadeiro sol (no meio da noite).

As pessoas que vêm visitar os doentes não são as verdadeiras, mas as substitutas das verdadeiras. Os médicos são somente "fantasmas"; o doente se acredita cercado "por espíritos elementares"; seus filhos parecem mudados. A irmã de uma doente é uma imperatriz disfarçada; uma vizinha de cama é tomada por seu marido por ela; as enfermeiras usam nomes falsos. A mulher do doente é uma feiticeira, seu filho é um gato selvagem, um cachorro. Uma doente observava que seu marido parecia todo negro e ela batia nele com uma garrafa.

As ideias delirantes fortemente numerosas têm um conteúdo completamente extravagante. O doente cometeu pecados mortais, fez um trem descarrilar, matou vários homens, se tornou culpado de erros há muito tempo, assassinou várias pessoas; falsificou documentos, obteve uma herança, provocou uma epidemia. Por causa de seus erros de juventude, ele é objeto de um inquérito. Ele fornicou com uma vaca; corrompe o mundo inteiro ao se masturbar. Ele desprendeu o firmamento, corrompeu uma fonte milagrosa, ofendeu a Santíssima Trindade; cidades, países inteiros estão devastados por sua culpa. Os outros doentes estão internados por sua culpa, eles serão decapitados; cada vez que ele come, que ele se vira em sua cama, há alguém executado. Lá no alto é o moinho do diabo; é lá que eles serão abatidos. As doentes cometeram um infanticídio, elas esbanjaram sua fortuna, não foram boas donas de casa, são forçadas a se prostituir para o diabo. Como ele é responsável por todos os males que acontecem, o doente vai para o inferno. O diabo desce pela chaminé para levá-lo; ele lhe faz sinal abanando a cabeça, senta-se sobre seu peito sob a figura de uma besta negra com garras afiadas, fala em seu coração. É o próprio doente que está transformado em diabo; o filho que ele perdeu não irá mais para o céu. Sua maldade está inscrita em sua testa; todo mundo conhece seus crimes. Ninguém o aceita mais; ele está cercado por espiões, vigiado pela polícia, seguido por indivíduos suspeitos; a justiça o espera: o juiz já está lá. Vão levá-lo para a Sibéria, para a casa de correção: ele é eletrocutado, apunhalado, fuzilado, banhado com petróleo, despedaçado, cortado em mil pedaços, comido pelos ratos, entregado completamente nu aos lobos em uma floresta virgem. Seus dedos são cortados, seus olhos, furados, suas partes sexuais e seus intestinos, retirados, suas unhas, arrancadas; as mulheres sentem que o útero lhes é retirado. É o Julgamento Final; eis que explode a vingança de Deus. É hoje o último dia, a última refeição; a cama é um cadafalso; o doente pede para se confessar pela última vez. A desgraça que o fulmina atinge também sua família. Seus próximos são crucificados pelo populacho; sua filha está presa; seu genro se enforcou; seus pais, seus irmãos e suas irmãs estão mortos, seus filhos, queimados, seu marido, assassinado; sua irmã foi cortada em pedaços e enviada em uma mala; o corpo de seu filho, vendido a anatomistas.

Em casa, o doente é importunado por todo mundo, considerado como louco, sempre chicanado; não se tem nenhum respeito por ele; cospe-se em seu rosto; os domésticos que servem a mesa pegam os pratos com a ponta dos dedos porque acham que ele está sifilítico. Todos se unem contra ele, descarregam sua cólera sobre ele; é-se forçado a sucumbir sob o número. Espiam-se suas conversas ao telefone; revista-se sua casa; faz-se desaparecer a roupa de cama; havia falsas chaves no molho; as crianças encontravam-se completamente entorpecidas à noite por causa do gás. O doente está no meio de um bando de bandidos internacionais: sua casa vai explodir. As pessoas conhecem toda a sua vida e seus pensamentos. À noite, ele é adormecido, levantado e levado a cometer loucas aventuras, pelas quais será mais tarde responsabilizado. Uma mulher de 65 anos se queixava de ser o objeto de tentativas imorais; ela acreditava ter sido transportada para um lugar ruim e de ter dado à luz. Outra da mesma idade se imaginava perseguida por seus namorados de outrora que vinham se deitar com ela; uma jovem pedia se podia ter um filho. Uma mulher de 48 anos explicava que ela estava grávida, que ela mesmo havia se fecundado. Um senhor acreditava que era levado todas as noites para uma casa pública onde pegara a sífilis. "Eu estou sempre lá", dizia uma doente a cada visita, pois ela tinha a impressão de ter sido levada cada vez para um lugar diferente.

As ideias delirantes hipocondríacas são igualmente muito desenvolvidas; muitas vezes assemelham-se completamente às dos paralíticos gerais. No interior do corpo, tudo está morto, estragado, queimado, petrificado, vazio: existe nele uma espécie de decomposição. O doente tem sífilis no quarto grau; seu hálito está envenenado; ele contaminou seus filhos, a cidade inteira. A besta muda de forma, ela é tão grande quanto a Palestina; suas mãos e seus pés não são como antes, seus ossos estão espessados, fundidos; todos os seus membros estão desarticulados; o corpo não tem mais consistência; ele se alonga e murcha. Na cabeça, há excrementos; o cérebro se liquefaz; o diabo lhe deu um golpe de sangue no occipício. O coração não renova mais o sangue; é um pedaço de carne morta, as veias estão secas, cheias de veneno; a circulação não se faz mais: a vitalidade se foi. Tudo está fechado; há um osso, uma pedra na garganta; o estômago e os intestinos não estão mais lá. No ventre, há um verme. No estômago, um animal peludo; a comida cai através dos intestinos nas bolsas; a urina e as fezes não vêm mais; os intestinos estão corroídos. Os testículos estão esmagados, extintos: as partes sexuais estão minguadas. As glândulas subiram para a boca; a vida está interrompida; no umbigo, isso sacode. Há um buraco no nariz; nas mandíbulas, em todos os membros, existe pus, e saem daí quantidades com as matérias e a tosse; o doente exala mau cheiro da boca. A pele está curta demais para cobrir seus ombros; há vermes que se movem sob a pele. Um doente explicava que desde os 11 anos ele era um espírito, que não tinha mais do que os órgãos internos; em um caso em que se encontrava em perigo, a morte tinha passado através de seu corpo e lhe havia retirado os intestinos; ele até mesmo mostrava a cicatriz. Uma doente declarava que havia ferro nela; outra dizia que tinha se tornado uma criança com cabeça de gato. Muitos doentes se acreditavam enfeitiçados interiormente, transformados em uma besta selvagem; são forçados a latir, a se debater e a se contorcer como um animal enraivecido. Outros não podem se sentar, nem comer, nem dar um passo, nem dar a mão.

 As ideias de negação que já foram assinaladas várias vezes seguidas podem tomar um lugar muito mais considerável, chegar ao absurdo. O doente não tem mais nome, país, não nasceu, não pertence mais ao mundo, não é mais um homem, não está mais lá, é um espírito, um aborto, uma imagem, um espectro, "nada além de uma aparência". Ele não pode viver nem morrer; é obrigado a flutuar assim entre esses dois estados, está sobre a Terra até a eternidade, é tão velho quanto o mundo, já tem cem anos hoje. Se se lhe dá um golpe de machado na cabeça, se se lhe abre o peito, ele não desaparecerá por isso. "Não se pode mais me colocar no túmulo", dizia uma doente. "Se eu me coloco na balança, o resultado é: zero." O mundo está aniquilado; não há mais estradas de ferro, cidades, dinheiro, leitos, médicos; o mar está vazio. Todos os homens estão mortos, "envenenados pelo soro antitóxico", queimados, mortos de fome, porque não há mais nada para comer, porque a doente devorou tudo em seu imenso estômago, porque ela secou os tubos de água. Ninguém como ou dorme mais; o doente é o único ser em carne e osso, e está sozinho no mundo. Uma doente explicava que não havia sangue em seus órgãos internos: é por isso que a luz elétrica se acendia nela, de tal sorte que a humanidade inteira e o firmamento pegavam fogo. Outro dizia que o mundo inteiro ia ser destruído por uma tempestade.

A *consciência* dos doentes está, dessa forma, na maior parte do tempo levemente turvada. Eles percebem mal, não compreendem o que se passa, não podem ver claramente em suas ideias. Queixam-se de não poder apreender bem as ideias, de serem "idiotas", de terem a cabeça confusa, de não se reconhecerem bem e também de terem na cabeça tantos pensamentos que uns se confundem com os outros. Muitos dentre eles pensam que seu espírito foi baralhado dando-lhes drogas, comida demais, que foram hipnotizados, que dizem besteiras sem parar, que deveriam saber isso ou aquilo, que se tornaram loucos. A par disso eles são incapazes de reconhecer por si mesmos e de retificar suas contradições mais grosseiras, quando se trata de seu delírio. Eles afirmam, com a boca cheia, que não podem mais engolir um pedaço, "é a última vez que isso me acontece", dizia uma doente, cada vez que se lhe mostravam suas contradições. Outros pedem para ser envenenados, embora afirmando que não podem morrer.

Contudo, o curso do pensamento fica em geral bastante ordenado. Os doentes são capazes de dar informações exatas e coerentes sobre o que lhes concerne e sobre outros assuntos; mas são pouco propensos a se deixar conduzir em uma conversa desse tipo e voltam imediatamente ao seu delírio. Seu *humor* é ora um sombrio desencorajamento, ora uma tensão ou uma excitação ansiosa. Às vezes, eles são rabugentos, irritáveis, coléricos, levados a atos violentos. Mas às vezes também se encontra neles uma ponta de ironia a respeito de si mesmos. Eles procuram descrever seus erros e seus tormentos com cores muito expressivas, empregam a gíria dos estudantes, se deixam levar à brincadeira e ao riso. No último período do acesso aparece frequentemente um humor implicante, insuportável, áspero, que desaparece pouco a pouco quando da cura completa. Uma doente dizia que sentia ciúmes dos outros filhos de Deus.

Os *distúrbios da vontade* oferecem, eles também, um aspecto variável. Com frequência a atividade dos doentes é dominada pela inibição da vontade. Eles são avaros com suas palavras, ou mesmo mudos, catalépticos; ficam na cama, os traços do rosto sem expressão ou bem contraídos, muitas vezes com os olhos fechados; não reagem à injeção, não obedecem às ordens, alimentam-se somente depois de certa insistência, escondem-se sob os cobertores e às vezes se sujam. As únicas palavras cochichadas ("reze por mim", "o que está havendo?"), a salmodia lamentosa e convulsiva do rosário, os olhos suplicantes, a excitação com a visita da família permitem adivinhar a tensão interior do espírito. Muitos doentes têm o sentimento de ser privados de sua liberdade, de estar sob a influência de uma força superior. Um doente explicava que as pessoas tinham-no em seu poder; ele havia perdido o mundo inteiro, era um homem acabado. Uma doente devia, na igreja, abraçar a terra e o altar.

Mais frequente, na minha opinião, é a agitação ansiosa, alternando às vezes com estados de estupor leve. Os doentes não ficam na cama, mas passeiam aqui e ali, gemem, soltam gritos de dor, muitas vezes com entonações ritmadas: "infeliz, pecador". Eles pedem a indulgência, já que nada fizeram. Eles podem apanhar, ser enterrados vivos, jogados nas trevas mais profundas, no rio, no fogo, ser envenenados e dissecados em seguida, banidos completamente nus para a floresta, de preferência durante uma boa nevada. Um doente pedia para sofrer a execução capital. Eles rejeitam a comida porque não são dignos de comer, porque não querem tirar a comida dos outros, porque não podem pagar, porque encontraram veneno ou excrementos em seus alimentos. Eles deveriam se nutrir com o resto e se deitar no chão. Um doente passeava descalço a fim de se habituar ao frio para quando fosse banido para a neve. Observam-se às vezes acessos de excitação mais violentos. Os doentes soltam gritos, se jogam no chão, fogem sem razão, batem na cabeça, rastejam sob a cama, se lançam a agressões desesperadas contra os que os cercam. Uma doente se ajoelhava em uma loja diante das imagens piedosas, e tentava rasgar as gravuras profanas; outra se fazia observar em um bonde pelos lamentos que proferia em voz alta; uma terceira, muito ansiosa, pegava o escarrador cheio e o esvaziava. Um doente muito confuso se punha de repente a soltar um *Hoch* em honra do príncipe regente. Observam-se muitas vezes nesses estados sérias tentativas de suicídio. Uma doente recebia de Deus a ordem para matar os seus.

Melancolia confusa

Da forma que acabamos de descrever e que corresponde, no conjunto, à "melancolia com ideias delirantes", de Griesinger, e também, em parte, à "loucura depressiva", de vários autores, transições insensíveis conduzem ao último grupo de estados depressivos, o da *melancolia confusa*, caracterizada por *distúrbios profundos da consciência que lembram os do sonho*. Aqui ainda veem-se aparecer distúrbios sensoriais numerosos, com um caráter assustador, multiforme, e ideias delirantes confusas. As fisionomias se transformam, os rostos são decompostos; é como uma "migração das almas". O marido acha sua mulher "cômica"; os parentes próximos não são reconhecidos; um estranho é tomado pelo amante; uma mulher acreditava que seu marido estava louco. O doente vê a Mãe de Deus, o Filho Jesus, espíritos, o diabo, homens, almas infelizes que querem matá-lo com uma espada. Todo mundo está em luto; então, alguém morreu. As nuvens caem; chamas surgem, o edifício queima com os feridos. Canhões são trazidos, as janelas viram sobre si mesmas, o céu desaba. O quarto se alargou infinitamente; ele se tornou o céu onde se vê Deus sentado em um trono, ou então ele se encolheu para se tornar uma tumba estreita onde o doente sufoca, enquanto fora recitam-se com voz baixa as preces dos mortos. Sobre uma alta montanha está sentado um homenzinho com um guarda-chuva que o vento vira ao contrário de repente. Escutam-se tiros de fuzil, as palavras do diabo, gritos, vozes assustadoras, repete-se 27 vezes: "Você vai morrer." Ali fora levanta-se o cadafalso; uma multidão imensa olha e zomba; o pano mortuário faz reflexões mordazes; ordena-se ao doente que se enforque, para sepultar sua honra com ele; ele sente o fogo no corpo.

Ele se encontra em uma falsa casa, em um palácio de justiça, em um lugar ruim, na prisão, no purgatório, em um barco que balança. Ele assiste ao enterro com grande pompa de um príncipe, com cantos fúnebres e um imenso cortejo, ele percorre o mundo inteiro. As pessoas que o cercam tomam uma significação misteriosa: são grandes personagens da história, divindades; a imperatriz, disfarçada de empregada, engraxa os sapatos. O doente, ele próprio, mudou de sexo, está cheio como um tonel, tem estomatite, um câncer. Ele vem de alta ascendência, um anjo guardião, o salvador do mundo, um cavalo de batalha. Ele é levado diante da justiça; é culpado de todos os males que acontecem, traiu, colocou fogo na casa, é danado, maldito, punido com um anátema; isso lhe atravessa o corpo inteiro. Seus pulmões devem ser arrancados; ele será devorado pelas bestas ferozes, será caçado completamente nu na rua, exposto em público como os irmãos siameses. Um doente gritava pela janela: "É a mim que o diabo vem procurar"; outra doente pedia: "Será permitido a mim morrer de uma morte verdadeira?" O doente se sente completamente abandonado, não sabe qual erro cometeu, exclama: "Não é verdade!" Seu pai atira com fuzil nos seus filhos; seu marido quer se casar com sua irmã; seu sogro quer matar suas filhas; seu irmão o ameaça de pancadas. Tudo está perdido, tudo se vai, tudo se desmorona, tudo está minado. Eis a efervescência do incêndio: é a revolução, o massacre e a guerra; em sua casa, há uma máquina infernal; a justiça de Deus não existe mais. O mundo inteiro está consumido e em seguida transformado em gelo; o doente é o último homem, o Juiz errante, único na devastação universal, encarcerado em plena Sibéria.

Enquanto se desenrolam como em sonho esses acontecimentos mutáveis, os doentes apresentam exteriormente os sinais de uma forte inibição. Eles são muito pouco capazes de dizer uma palavra. Sentem a cabeça confusa, sentem-se perplexos, não podem unir seus pensamentos, não sabem mais nada, dão respostas contraditórias, ininteligíveis, sem relação com a questão, entrelaçam suas palavras ouvidas nos discursos desconexos, que eles proferem com lentidão, com um ar espantado. O extrato seguinte permite compreender bem essa profunda confusão:

> Uma voz sufocou as outras. Não, não é assim... É singular... Era bem de outra forma... A casa está... Todo mundo tem veneno... Não, eles o escreveram... Não, eu escrevi isso... Sim, agora, não como mais nada... Se eles tinham feito de outra forma, isso teria sido melhor... Eles não teriam escrito nada... Ela aterrorizou todo mundo... Não existe sentinela lá em cima... Agora, isso não andará melhor...

Na maior parte do tempo, os doentes ficam na cama, sem manifestar sentimentos violentos, mudos, inabordáveis, indiferentes, não se esforçam consigo mesmos, olham fixamente para a frente, os olhos grandes abertos, o rosto sem expressão, semelhante a uma máscara. A sugestibilidade alterna com a oposição ansiosa; por momentos, eles tomam atitudes particulares, fazem movimentos bizarros; às vezes, tornam-se agitados, saem da cama, passeiam a passos lentos de um lado para o outro, precipitam-se aqui e ali, procuram por todo lado, tentam jogar os outros doentes embaixo da cama, torcem as mãos, soltam gritos, gemem, pedem perdão, protestam por sua inocência. Observam-se, também, tentativas de suicídio; uma doente que havia se jogado na água com seus filhos declarava: "O diabo, o trovão e a eletricidade estavam atrás de mim." A alimentação se torna muitas vezes difícil em consequência da oposição dos doentes.

Evolução

A *evolução* dos estados de depressão é, em geral, vagarosa, sobretudo quando eles sobrevêm em uma idade avançada. Com frequência sua eclosão é precedida, durante vários anos, por distúrbios nervosos intermitentes e por períodos de excitação ou de depressão muito leve, até que os sintomas característicos aparecem. Algumas vezes estes constituem somente uma exageração de um estado patológico leve existente desde o nascimento. A *duração* dos acessos é comumente mais longa que na mania; ela varia de alguns dias a mais de 10 anos. O desaparecimento dos sintomas se dá em geral de uma maneira irregular, com oscilações; às vezes aparece um estado de impaciência, de descontentamento, de mau humor, com agitação incessante e movimentos precipitados, estado que se explica pela mistura com distúrbios maníacos leves.

Quando a depressão desaparece quase subitamente, deve-se pensar na transformação em um acesso maníaco. A melhora do estado psíquico já é sensível para o observador, enquanto o doente não se sente ainda melhor, sentindo-se mesmo pior que antes. Esse fenômeno talvez ocorra porque o reaparecimento das tonalidades sentimentais naturais torna o distúrbio do espírito mais sensível do que no curso da doença. Mais tarde, a depressão deixa passar um sentimento de bem-estar muito acentuado, que devemos interpretar como um sintoma maníaco, mesmo se ele não toma ulteriormente um caráter nitidamente patológico. Uma doente escrevia a carta de agradecimentos seguinte pouco tempo depois de sua cura de um acesso de depressão:

> Eu sou agora uma mulher mais feliz que jamais fui em toda a minha vida. Sinto bem que essa doença, independente do quão dura tenha sido de suportar, devia vir. Hoje, enfim, de-

pois de terríveis combates, posso entrever um futuro tranquilo. Meu espírito está completamente disposto; não preciso me esforçar; cozinho com a maior tranquilidade da alma; e, apesar de tudo, guardo meu ideal, que a vida, Deus seja louvado, me deixou intacto a despeito dessas terríveis provas. Assim, meu espírito experimenta o repouso mais perfeito.

Em outros casos, o desencorajamento, um leve cansaço, o desgosto pelo trabalho, a sensibilidade às impressões persistem ainda muito tempo depois do desaparecimento dos grandes sintomas. Algumas vezes, veem-se distúrbios sensoriais que estavam evidentes no meio do acesso só desaparecerem progressivamente, embora os doentes tenham reconquistado completamente sua liberdade de espírito e se dado conta nitidamente do caráter patológico desses distúrbios. Uma doente, depois da cura de um acesso grave de depressão confusa, escutava durante várias semanas com uma força decrescente "seu cérebro tagarelar". Ela notava assim suas considerações:

> Eu não tenho mais nada, não faço mais nada, não posso mais nada. É você meu assunto, você minha coisa: ele não me vem ao espírito... é preciso... e na hora de nossa morte, que assim seja... é preciso... eles devem sair; não conheço mais ninguém... Ah, Deus! Ah, Deus! O que eu começo ainda, lá onde a tudo você ofendeu, você, mulher sem pudor, você...

O conteúdo dessas alucinações, que apresentam certo ritmo, está em parte desconexo e incoerente, mas se encontram aí alguns pensamentos que haviam dominado a doente durante seu acesso.

FORENSE
UNIVERSITÁRIA

www.forenseuniversitaria.com.br
bilacpinto@grupogen.com.br

Pré-impressão, impressão e acabamento

grafica@editorasantuario.com.br
www.editorasantuario.com.br
Aparecida-SP